Wer Güte sät,
wird Frieden ernten

Weitere Informationen über die Autorin und ihr Werk auf:

www.elisabeth-lukas-archiv.de

Elisabeth Lukas

Wer Güte sät, wird Frieden ernten

Für ein harmonisches Miteinander

Butzon & Bercker

INHALT

Tipp 1:
Ändern kann man nur sich selbst

Wenn Menschen über Zwistigkeiten berichten, konzentriert sich ihre Klage fast immer auf jenen Anderen, mit dem sie im Clinch liegen. Sie sagen: „Meine Welt wäre in Ordnung, *wenn der Andere anders wäre*. Wenn er sich anders verhalten würde. Aber weil der Andere dieses und jenes tut (nun kommt gewöhnlich eine langatmige Aufzählung von dessen ‚Schandtaten'), ist meine Welt aus den Fugen, und mir geht es schlecht."

Im Klartext wollen sie damit ausdrücken, dass der Andere schuld ist, sowohl an den Zwistigkeiten als auch an deren negativen Folgen in der eigenen Befindlichkeit. Der ständig wiederholte Aussageakzent lautet: „Der Andere müsste sich ändern!" Ja, wenn sich der Andere ändern würde, nämlich nach den Wünschen der Berichtenden ändern würde, dann, und nur dann ginge es ihnen wieder gut.

Im Laufe von mehr als 30 Praxisjahren als Psychotherapeutin bin ich dieser Klageform tausende Male begegnet. Ob es sich um Ehefrauen oder Ehemänner, Verwandte oder Kinder, Arbeitgeber oder Arbeitskollegen, Freunde oder Freundinnen handelte, die Leier war stets dieselbe. *Der bzw. die Andere müsste sich ändern*. Dann wäre alles wieder im Lot. Dann wäre das Leben wieder lebenswert. Dann ginge alles bestens weiter. Dann wäre man glücklich und zufrieden.

Leider verheddern sich die Menschen dabei in einem Gestrüpp von Illusionen. Die Hauptillusion besteht darin, dass der Andere sich ändern *werde* – freiwillig, in absehbarer Zeit oder gar auf Grund des fortgesetzten und nachdrücklichen Gemeckers an seinem Verhalten. Der Andere denkt nämlich gewöhnlich nicht im Entferntesten daran, sich zu ändern, denn er ist genauso wie sein Kontrahent (nur in der Gegenrichtung) davon überzeugt, dass „seine Welt in Ordnung wäre, wenn ...". Jede der beiden Konfliktparteien beharrt auf dem Standpunkt, selber im Recht zu sein, wohingegen das Verhalten des Anderen unrechtmäßig und ärgerlich ist, und eben geändert gehört.

Zu dieser Hauptillusion gesellen sich diverse Nebenillusionen, die darin bestehen, dass in dem unwahrscheinlichen Fall, dass die gegnerische Partei sich tatsächlich um Änderungen bemühen sollte, automatisch der Friede einkehren würde und alle Probleme des Miteinanders mit einem Schlage gelöst wären.

Es ist schnell erklärt, aber unendlich schwierig zu begreifen, dass alles, und zwar wirklich alles, was ein anderer Mensch zu tun entscheidet, *in dessen Hand liegt*, oder präziser ausgedrückt, einzig und allein in dessen Freiheit und Verantwortung steht. Freilich, man kann ihn zu beeinflussen versuchen. Man kann ihn um etwas bitten, ihn bedrängen, ihm stichhaltige Argumente für eine Umkehr vorlegen, ihm mit Unannehmlichkeiten drohen oder ihn sonst irgendwie umgarnen. Letztlich jedoch wird es *seine Entscheidung sein und bleiben*, wie weit er sich beeinflussen lässt und wann und wie viel Widerstand er leistet. Man kann es streitenden Leuten nicht oft genug einhämmern: Der Andere, gegen den sie schimpfen und wettern, wird sich ausschließlich in dem Fall ändern, dass er *sich selbst ändern will*, und wollen wird er wiederum ausschließlich in dem Fall, dass er *aus sich heraus* (und nicht irgendwie fremd motiviert) einen profunden Sinngrund sieht, dies zu tun.

Wo also Unfriede herrscht, gibt es keine Hoffnung auf Frieden, die darin gründet, dass sich der „Unfriedenspartner" ändern werde. Erst wenn dies bis in die tiefsten Tiefen der Seele verstanden und akzeptiert worden ist, ist die Basis dafür geschaffen, dass aus jenen Tiefen wieder Hoffnungsstrahlen aufdämmern können. Es kann nämlich zum Glück an fast jeder misslichen Sachlage etwas geändert werden – *aber nur von einem selber*. Dieselbe Mächtigkeit, die sich einem entgegenstemmt, wenn man eine andere Person nach Wunsch „bekehren" will, dieselbe Mächtigkeit ist Schwerpunkt des eigenen Kapitals. Während man im Wüten oder Betteln bei anderen Menschen an verschlossene Türen pocht, steht die eigene Türe für jegliche Verhaltensvariation sperrangelweit offen.

Und das ist keine Illusion, sondern pure Realität. Man muss nur seinen permanenten Slogan von „der Welt, die in Ordnung wäre, wenn ..." austauschen durch die Formel: „Meine Welt könnte in Ordnung kommen, *wenn ich anders wäre.*" Das bedeutet nicht, dass man die alleinige Schuld an vorliegenden Zwistigkeiten auf sich nehmen müsste. Zwisturschen können sehr komplex und vernetzt sein, und sind es meistens auch. Aber die Schuld an den negativen Folgen eines Streits in der eigenen Befindlichkeit darf man ruhig bei sich selber suchen. Suchen und finden und beseitigen.

Schon höre ich den Einwand, dass es doch klar sei, dass man an einer zwischenmenschlichen Dissonanz leide, und dass dies eine unabwendbare Folge jeder gegenseitigen Aggression sei. Ich stimme durchaus zu. Ganz ohne Schmerz gerät man aus keiner Konfliktsituation heraus. Doch legt sich jeder Hoffnungsschimmer auf Frieden wie ein heilendes Pflaster auf diesen Schmerz und dämpft ihn bis zur Erträglichkeit herunter. Und solche Hoffnungsschimmer entsprießen eben der eigenen Freiheit und Verantwortung, die uns niemand beschneiden kann.

Was aber meine ich damit, dass die eigene Welt in Ordnung kommen könnte, wenn man bei sich selbst etwas ändern würde? Lassen wir ein Beispiel sprechen.

BEISPIEL:

Es ging um einen monatelangen Ehekrieg. Der Mann war ein zugewanderter Pole, der in Deutschland eine deutsche Frau geheiratet hatte. Er war von Beruf Volksschullehrer, hatte sich aber nie genügend um das Erlernen der deutschen Sprache bemüht und folglich in Deutschland nur einen Job als Lastwagenfahrer gefunden. Seine Frau war in einem Kinderheim als Freizeitpädagogin beschäftigt und dort sehr beliebt. Ihren achtjährigen Sohn konnte sie nachmittags zur Arbeit mitnehmen, was für sie ideal war.

Über frühere Kameraden bekam der Mann plötzlich das verlockende Angebot, in Polen den Aufbau und die Leitung einer kleinen Landschule zu übernehmen. Er war hellauf begeistert und bestand darauf, dass die Familie sofort nach Polen umziehen solle; seine Frau leistete jedoch heftigen Widerstand. Sie und ihr Sohn verstanden zwar inzwischen ein wenig Polnisch, aber die Frau wollte weder ihre Heimat noch ihren Arbeitsplatz aufgeben und beschwor ihren Mann, das Angebot abzulehnen. Wegen dieses Konflikts kämpfte das Ehepaar die schlimmsten Fehden miteinander aus. Die Frau schrie ihren Mann wütend an, sie werde niemals ihr Leben in einem derart rückständigen und erzkatholischen Land wie Polen vergeuden. Zutiefst gekränkt schrie er zurück, man merke ihr an, dass sie weder Glauben noch Anstand habe und eine selbstsüchtige Emanze sei, die ihn dazu verdammen wolle, ein Leben lang in verfluchten Lastwagen zu hocken. So demütigten sie einander am laufenden Band, und es kam sogar zu Tätlichkeiten. Der Junge begann vor lauter Schreck wieder einzunässen. Schließlich wandte sich die Frau an mich um Rat; ihr Mann kam nicht mir.

Sie dachte zunächst, ich werde sie in ihrer Position bestärken und den abwesenden Mann unisono mit ihr tadeln, aber ich hatte eine viel bitterere Pille zu verabreichen: *Sie konnte ihren Mann nicht ändern.* Über ihren Mann und sein Verhalten brauchten wir beide gar nicht zu sprechen, denn all unser Sprechen würde ihn nicht im Geringsten in eine andere Person umwandeln. „Was es zu überlegen und zu besprechen gibt", erklärte ich der Frau, „das sind *Ihre* nächsten Schritte, die Sie gehen werden. In welche Richtung werden Sie sie lenken und Ihren Sohn mit sich ziehen? In eine für alle Beteiligten traurige oder in eine trotz allem akzeptable Zukunft?" „Was kann ich schon machen, wenn er um jeden Preis nach Polen zurückkehren will?", konterte die Frau.

Eben dies galt es auszuloten: Was konnte sie machen? Die nächste halbe Stunde wurde zu einer beiderseitigen Sammelaktion. Wir sammelten sämtliche Reaktionsmöglichkeiten der Frau, die uns die Fantasie eingab, und ich notierte jede auf einem Blatt Papier. Am Ende der Stunde schmunzelte sie, als sie mehr als 20 Notizen auf meinem Blatt zählte. Nicht alle gefielen ihr, aber dass sie frei war, unter so vielen Optionen zu wählen, gefiel ihr schon.

In der darauffolgenden halben Stunde sortierten wir aus. Die sowohl für die Frau als auch für mich nicht sinnvoll klingenden Möglichkeiten wurden weggestrichen. Der Rest wurde genauer inspiziert. Unter der Überschrift „Mit nach Polen ziehen" standen da noch: Ein Liebesopfer für ihren Mann zu bringen, sich im fremden Land tapfer zu integrieren, ihre pädagogischen Erfahrungen in neuem Ambiente zu nutzen etc. Nach kurzem Überlegen strich die Frau alle diese Möglichkeiten durch. Dazu konnte sie sich partout nicht überwinden. Okay. Unter der Überschrift „In Deutschland wohnen bleiben" standen da noch: Sich von ihrem Mann einvernehmlich scheiden zu lassen, ihm seine berufliche Karriere zu gönnen und ihn in Liebe loszulassen, eine Pendel-Ehe mit vielen Besuchskontakten zu führen, ihm einige Probejahre zu gewähren und seine eventuelle Rückkehr mit einzukalkulieren, sich zwar berufsbedingt von ihm zu trennen, aber eine tägliche Videoschaltung zu ihm aufrechtzuerhalten, die Schulferien des Sohnes mit diesem gemeinsam in Polen zu verbringen.

„Jetzt wird es ernst", sagte ich zu der Frau, „denn jetzt sind Sie am Zug. Was davon können Sie – zwar nicht leichten Herzens, aber dafür – guten Gewissens wählen?" „Die Probejahre, die Videoschaltung und die Schulferien", antwortete sie prompt. Ich lobte sie, denn dies sah nach einem konstruktiven Entschluss aus. „Und wie werden Sie Ihre Entscheidung Ihrem Mann vermitteln?", hakte ich nach. Sie rang mit sich. Schließlich erwiderte sie: „Er kommt heute erst spät nachts nach Hause, aber ich werde auf ihn warten. Bei einem Glas Wein werde ich ihm erklären, dass ich seinen Wunsch verstehe und ihm ab jetzt nicht mehr im Wege stehe. Mein Mann soll seine Chance in Polen haben! Ich bleibe zwar in Deutschland zurück, aber wenn er möchte, werden wir uns täglich online miteinander austauschen und alle Ferien live miteinander verbringen. Und sollte es mit seiner Landschule nicht so super klappen wie von ihm erwartet, hat er bei mir stets ein Zuhause." Als mich die Frau verließ, versprach sie, mir eine spätere Rückmeldung zu geben.

Deshalb weiß ich, dass ihr Mann von diesem Gespräch zutiefst gerührt war und gerne auf den vorgeschlagenen Kompromiss eingelenkt hat.

MERKSATZ:

ÄNDERN KANN MAN NUR SICH SELBST. ABER WENN MAN SICH SELBST IM GUTEN ÄNDERT, IST DIES EIN ANSPORN FÜR ANDERE, SICH EBENFALLS IM GUTEN ZU ÄNDERN.

Tipp 2:
Das Spiel mit den
Möglichkeiten

Ein solches „Spiel mit den Möglichkeiten" möchte ich jedermann empfehlen, der sich in einer kniffeligen Situation befindet. Dazu ist es notwendig, die Gedanken von all dem abzuziehen, was man selbst nicht ändern kann und um das sich die Gedanken gerade dann klebrig herumzuwinden pflegen, wenn es sich um Unerquickliches oder gar Tragisches handelt. Vorrangig ist es, einen Bewältigungsplan zu entwerfen, und dieser wohnt einzig in den eigenen verbliebenen Freiräumen. Der innerseelische Fokuswechsel vom nicht Änderbaren zum Änderbaren ist ein Heilmittel ersten Ranges, denn er ist buchstäblich ein Schwenk von der Hilflosigkeit zur Selbstwirksamkeit. Wer auf dasjenige starrt, das außerhalb seiner Macht steht, rutscht ins Bewusstsein seiner „Ohnmacht" hinein und etabliert sich dort für längere Zeit. Wer hingegen den Blick auf dasjenige richtet, was ihm immer noch zur Auswahl offen steht, der erholt sich im Hauch der Freiheit und findet zum Bewusstsein seiner eigenen Stärken und Fähigkeiten zurück.

Dabei ist Achtsamkeit ein wichtiger Faktor. Denn in kniffeligen Situationen will uns vorschnell scheinen, dass nicht mehr allzu viele Möglichkeiten unsererseits vorhanden seien. Der Schock über unangenehme Ereignisse, die uns überrumpeln und bedrücken, dreht wie ein Dimmer das Licht unserer Möglichkeitswahrnehmung und unserer Sinnfindungskapazität herunter. Im Extremfall dünkt einer (nicht psychotischen) suizidalen Person, sie habe bloß noch die Wahl zwischen einer unerträglichen Lebensfortsetzung oder dem Freitod. Wobei sie bei distanzierter Betrachtung eine Reihe weiterer Wahlmöglichkeiten hätte, die ihr unter der affektiven Belastung aus dem Gesichtsfeld entglitten sind.

Üben wir uns also öfters im Spiel mit unseren jeweiligen Möglichkeiten ein und achten wir sorgfältig darauf, dass uns nur wenige entwischen. Ein solches inneres Gedankenspiel könnte etwa so aussehen: „Mein Arbeitgeber hat mich heute ungerechtfertigt wegen eines Fehlers beschimpft, den mein Vorgänger zu verantworten hat? Na schön, herbei ihr Möglichkeiten in meinem Freiraum! Es wird nicht sofort in wilder Selbstverteidigung zurückgekeift. Erst wird gründlich nachgeschaut, was alles in meiner eigenen Macht steht! Zweifellos, ich kann einfach zurückkeifen. Ich kann aber den Ärger auch stumm hinunterschlucken und vielleicht später zu Hause explodieren. Ich kann den Vorfall schulterzuckend als unerheblich abtun und zur Tagesordnung übergehen. Das alles fühlt sich nicht gut an? Na ja, ich kann auch schriftlich dokumentieren, was von meinem Vorgänger stammt und nicht von mir. Ich kann eine stille Minute abwarten und dem Arbeitgeber dann die Sachlage in Ruhe erklären. Ich kann darauf verzichten, meinen Vorgänger anzuschwärzen und dennoch meine Unschuld beweisen. Das hört sich schon besser an? Ich kann darüber lachen, dass sich mein Arbeitgeber getäuscht hat, und ihm schlichtweg verzeihen. Ich kann sein Geschimpfe ignorieren und mich in berechtigter Zufriedenheit mit mir selbst sonnen. Ich kann daran denken, dass auch ich schon manche Fehler begangen habe, darunter solche, die unentdeckt geblieben sind, was die Angelegenheit ausgleicht. Hm, das klingt auch nicht übel …" und so geht es fort. Wer gewohnt ist, seine jeweiligen Optionen innerlich Revue passieren zu lassen, hat eine ungemein vorteilhafte Ausgangsposition, um die für ihn am meisten passende und angemessene herauszufiltern und zu verwirklichen – mit dem Effekt, dass ein „happy end" in erreichbare Nähe rückt.

Zum Spiel mit den Möglichkeiten gehört eine weitere Variante, die nicht die Gegenwart, sondern die daran anstoßende nähere Zukunft im Visier hat. Bekanntlich sind wir nicht Alleinregisseur unseres Lebensfilms. Eine Menge Zufälle und Mit- und Umweltfaktoren mischen dabei kräftig mit. Das bedeutet, dass bei sämtlichen schönen Zielen, die wir uns setzen mögen, Unwägbarkeiten Pate stehen und plötzlich Hürden und Hindernisse auftauchen können, mit denen wir überhaupt nicht gerechnet haben. In solchen Fällen und unter den damit verknüpften affektiven Belastungen tritt wiederum jener Dimmer in Aktion, der unsere eigene Möglichkeitswahrnehmung und unsere Sinnfindungskapazität herunterschraubt. Es sei denn: *Wir sind gefasst*. Und gefasst sind wir, wenn wir zumindest ein bisschen darauf vorbereitet sind. Wenn wir uns bereits mit derartigen denkbaren Hürden und Hindernissen beschäftigt haben, sie als mögliche Schicksalsfügungen anvisiert haben, und unsere eigenen Strategien dazu entworfen haben. Das Schlagwort vom „Plan B" kommt nicht von ungefähr. Es ist das Resultat einer sehr langen Menschheitserfahrung.

Ein Gedankenspiel mit „Plänen B" könnte etwa folgendermaßen aussahen: „Mein Arbeitgeber ist mit meiner Leistung sehr zufrieden. Ich will mich bemühen, dass es dabei bleibt. Dennoch kann manches innerhalb der Firma geschehen. Angenommen, die Herausforderungen an mich steigen extrem an oder wechseln in unverhältnismäßiger Weise. In diesem Fall würde ich das meinem Arbeitgeber ehrlich mitteilen und um Berücksichtigung bitten. Angenommen, mein Arbeitgeber zeigt keinerlei Verständnis für mich. In diesem Fall würde ich mich eine Weile weiterhin abplagen, aber parallel dazu nach einem anderwärtigen Arbeitsplatz Ausschau halten. Angenommen, ein solcher zeigt sich nicht, dann würde ich meine Freizeit für eine Umschulung oder Weiterbildung verwenden, um bessere Karten für einen Neustart zu haben. Angenommen, es zeigt sich trotzdem nichts Geeignetes. Dann würde ich den Radius meiner Suche vergrößern und mich darauf einstellen, in einen anderen Landesteil zu übersiedeln, wenn ich dort neu durchstarten könnte. Angenommen, selbst dieser Versuch schlägt fehl? Nun, dann würde ich eine Urlaubswoche lang ,in Klausur' gehen, das heißt, mich irgendwohin zurückziehen und meine Situation genau abwägen. In der Ungestörtheit und Einsamkeit werde ich erspüren, wie ich bestmöglich mit dem Problem umgehen kann." Eine solche innere Vorbereitung schützt nicht vor heranstürmenden Problemen, aber davor, von ihnen völlig überrannt und in vermeintliche Hilflosigkeit abgedrängt zu werden.

BEISPIEL:

Ein alleinerziehender Vater suchte meinen Rat. Sein 17-jähriger Sohn war in „schlechte Kreise" geraten, wie er mir schluchzend mitteilte. Der Sohn vernachlässigte seine Schulaufgaben, trieb sich nachmittags mit „suspekten Spezis" herum, verschloss sich gegenüber väterlichen Fragen oder Ermahnungen, verprasste alles ihm gegebene Geld in kürzester Zeit usw. Der Vater sah ihn in seinen Ängsten bereits ins Drogenmilieu geraten oder zum Gangster mutieren. Er wusste sich nicht mehr zu helfen.

Nachdem der Mann die bittere Pille geschluckt hatte, dass er nicht seinen Sohn, sondern nur sich selbst ändern könne, ging es um den Pool seiner eigenen Möglichkeiten – im Moment und darüber hinaus. Im Moment war das Gespräch zwischen ihm und seinem Sohn abgerissen, aber Handlungsfreiräume gab es dennoch für den Vater. Wir einigten uns auf einen freundlich-konsequenten Handlungsstil. Wenn der Sohn nach Hause kam, sollte er ab sofort keinen vorwurfsvoll und düster dreinblickenden, sondern einen ihm interessiert zugewandten Vater vorfinden, der ihm ohne jegliche Bevormundung zutraute, sich kreativ weiterentwickeln zu können. An finanzieller Unterstützung galt es jedoch ein Limit zu setzen und einzuhalten. Außerdem bauten wir auf ein positives väterliches Vorbild. Erst jüngst hatte ich in einer Fachzeitschrift gelesen, wie sehr sportliche Betätigungen u. A. Depressionen verjagen. Als ich dies erwähnte, fand der Mann Gefallen an der Idee, sich in einen Fitnessclub einzuschreiben und dort mehrmals die Woche zu trainieren. Er müsse sowieso etwas zur Gewichtsreduktion tun. In diesem Zusammenhang erwog er auch, seine Ernährung auf vitaminreichere Kost umzustellen. Kurzum, sein Sohn sollte einen munteren, gut gelaunten und kooperativen Vater vorfinden, wann immer ein Kontakt zwischen beiden stattfand.

Danach warfen wir einen kurzen Blick in die nähere Zukunft des Vaters. Vielleicht lachte ihm das Glück. Vielleicht entschloss sich der Sohn sogar, den Vater in den Fitnessclub zu begleiten. Vielleicht regenerierte sich eine einvernehmliche Kommunikation zwischen den beiden. Dafür braucht es keinen „Plan B". Aber die Kluft zwischen den beiden konnte sich auch vergrößern. Dafür brauchte der Vater eine innere Wegweisung, und wir modellierten daran. Das Ergebnis bestand in folgendem väterlichen Vorhaben: „Was auch auf mich zukommen mag, meine Liebe zu meinem Sohn wird nicht ins Wanken geraten. Trotzdem bin ich bereit, ihm die Verantwortung für seine Taten zu überlassen bzw. sie ihn tragen zu lassen. Wenn er tatsächlich ins Drogenmilieu hineinrutschen sollte, werde ich ihn nicht mehr finanziell unterstützen, aber für jeden Therapieversuch aufkommen. Wenn er kriminell werden sollte, werde ich mich keineswegs bemühen, ihn von seinen Strafen freizukaufen. Aber ich werde niemals aufhören, an das Gute in ihm zu glauben und zu appellieren. Und ich werde ihm stets Wege der Rehabilitation ebnen. An mir soll er einen Freund haben, solange ich lebe."

Mit diesem Vorhaben entließ ich den Vater, und ich bin sicher, dass er seinen Beitrag zur Entkrampfung der häuslichen Situation erbracht hat.

MERKSATZ:

In kniffeligen Situationen haben wir mehr Möglichkeiten, als wir auf Anhieb denken. Darunter sinnvollere und positivere Möglichkeiten, als uns auf Anhieb scheinen mag.

Tipp 3:
Auf Schubladendenken verzichten

Dass uns die Fehler anderer Leute mehr ins Auge springen als unsere eigenen Fehler, ist eine altbekannte Tatsache. Sie hat mit dem schmerzlichen (Unter-)Bewusstsein der eigenen Unzulänglichkeit zu tun. Mit dem Minderwertigkeitsgefühl, das nach Alfred Adler sogar Ursache vieler neurotischer Komplexe und Fehlkompensationen sein soll. Seine Ansicht ist zwar heute leicht überholt, aber dennoch stimmt es, dass sich jeder Mann und jede Frau mit den eigenen Schwächen und Defiziten herumschlagen muss, so gut er oder sie es vermag. Da bedeutet es eine heimliche klitzekleine Freude, festzustellen, dass andere Leute auch gelegentlich schwach und schuldanfällig sind, weshalb man gerne die Aufmerksamkeit auf *deren* Mangel an Perfektion lenkt. Wer würde nicht solch klammheimliche Freude über das Versagen eines Anderen dem Ärger über eigenes Versagen vorziehen?

Dass einem die fremden Fehler mehr auffallen als die eigenen, hat jedoch eine Reihe ungünstiger Auswirkungen. Nicht nur, dass der Kritikpegel hochschnellt, während das Ausmaß, in dem man Andere lobt und ihre Tüchtigkeit anerkennt, in den Keller sinkt. Nicht nur, dass man viel zu wenig an der Vermeidung eigener Fehler arbeitet, weil diese kaum bemerkt – und wenn bemerkt, kaum eingestanden werden. Eine weitere ungünstige Auswirkung ist, dass man jene Anderen, deren Schwächen einem so glasklar vor Augen liegen, flugs in „Schubladen" steckt. Demnach verhalten sie sich typisch für diese oder jene Veranlagung oder Gruppierung, die einem zuwider ist, als ob sie nicht selbst über ihr Handeln entscheiden könnten. Die Sekretärin ist dann eine typische „Schnatterbüchse", und der Nachbar ist ein typischer „Langweiler". Auf der Autobahn sind typische „Drängler" unterwegs, und bei den Behörden sitzen typische „Faulpelze". Es ist schon seltsam: So sehr dieses Verfahren eigentlich auf eine verdeckte Anklage hinausläuft, so sehr ist die Zuordnung zu einem Typus im Grunde eine bequeme Ausrede. Wer einem Typus angehört, kann und braucht sich nicht atypisch zu verhalten, er „ist eben so". Kurzum: „Miese Typen sind eben mies!"

Leider ist ein derartiges Schubladendenken nicht nur bei Laien verbreitet.

BEISPIEL:

Eine Kollegin sagte einst zu mir: „Manchmal tröste ich meine Klienten mit dem Hinweis auf typische Verhaltensweisen." Auf meine Nachfrage, wie sie dies meine, erzählte sie mir zwei Beispiele.

Beispiel 1: Eine Mutter war überaus besorgt, weil sich ihre 15-jährige Tochter häufig in ihr Zimmer einschloss und nicht mit der Mutter reden wollte. Meine Kollegin sagt zur Mutter: „Ach, nehmen Sie es nicht tragisch! Das ist typisch für pubertierende Mädchen. Sie nabeln sich von ihren Eltern ab, ziehen sich in ihr eigenes Reich zurück und wollen keine Diskussionen mehr mit den Erwachsenen!"

Beispiel 2: Eine Ehefrau beschwerte sich intensiv über ihren Mann, der seine gebrauchten Wäschestücke achtlos in der Wohnung herumliegen ließ. Meine Kollegin sagte zur Ehefrau: „Sehen Sie, das haben die Männer in ihrer bisherigen evolutionären Entwicklung einfach nicht gelernt. Es ist eine typische Männermarotte, dass sie alte Socken etc. nicht in ihrem Fokus haben!"

„O", entgegnete ich meiner Kollegin, „zu diesen Tröstungsversuchen habe ich einige Bedenken. Würden Sie denn, wenn ein Ehemann seine Frau im Zorn schlägt, die Frau auch damit zu beruhigen versuchen, dass er eben ein typischer Choleriker sei, der sich im Zorn nicht beherrschen könne?" „Natürlich nicht!", entrüstete sich meine Kollegin. „Wo ist dann die Grenze für Ausreden auf den jeweiligen Typus, dem jemand zugehört?" Meine Kollegin wurde nachdenklich. „Und", fuhr ich fort, „könnten die Klienten, die Sie mittels Typushinweisen zu weniger Aufregung motivieren wollen, sich nicht genauso auf ihren eigenen Typus berufen? Könnte die Mutter aus Beispiel 1 nicht vorbringen, dass es geradezu typisch für Mütter pubertierender Mädchen sei, sich um ihre Sprösslinge Sorgen zu machen? Könnte die Ehefrau aus Beispiel 2 nicht antworten, dass es eine evolutionär erworbene Frauenmarotte sei, sich über unaufgeräumte Schmutzwäsche ihrer Ehepartner zu alterieren?" Meine Kollegin lächelte. „Dann wäre ich mit meinen eigenen Argumenten geschlagen!", gab sie zu.

„Ja", fuhr ich fort, „und außerdem wird mit der Berufung auf einen Charaktertypus ein Menschenbild an die Klienten herangetragen, das wir beide nicht fördern wollen. Denn viele Ratsuchende benützen exakt diese Ausrede für ihre krankhaften ‚Spinnereien', um es salopp auszudrücken. Sie behaupten: ‚Ich bin halt so – und kann nicht anders', und damit ist unser ganzes Bemühen, sie therapeutisch auf einen lebensbekömmlicheren Kurs zu bringen, vom Tisch gefegt. Sie sind halt so, sind dieser oder jener Typus, und damit basta. Die Mitwelt habe sie zu akzeptieren, wie sie sind. Was die böse Mitwelt leider nicht tut ... usw. Die Sackgasse ist etabliert, und der neurotische Dauerjammer ebenfalls." „Da haben Sie wohl recht", seufzte meine Kollegin. „Aber wie soll ich meine Klienten sonst trösten?"

„Mit der Umkehrung", erläuterte ich. „Ihre Klienten sind diejenigen, die akzeptieren müssen, dass Töchter, Ehemänner etc. manchmal nicht wunschgemäß handeln, und dass sich in solchen Fällen einzig die Frage stellt, wie sie, die Klienten selber, ihrerseits mit dieser Situation umgehen. Freilich könnte die Mutter aus Beispiel 1 die Schraube ihrer Überbesorgtheit zurückdrehen und dem Mädchen generös gestatten, sich von den Eltern heftiger loszureißen als nötig, um die eigene Ziellinie zu finden. Ebenso könnte die Ehefrau aus Beispiel 2 ihrem Ehemann eine gewisse Schlamperei nachsehen und sich daran erinnern, dass er andere Qualitäten hat, die sie durchaus zu schätzen weiß. Das ist es ja, was Sie anpeilen, nicht wahr? Aber jeder solcher Gesinnungswandel ist nur im Rahmen eines Umschwenkens auf die persönliche Freiheit und Innovationskraft machbar und gerade *nicht* unter dem Deckmantel irgendeiner fixen Norm, wie sie ein Typus darstellt. Man kann seine innere Einstellung zu allem und jedem korrigieren, doch dafür bedarf es eines Menschenbildes, das niemanden an seiner eigenen Lerngeschichte oder an der Lerngeschichte seiner Art festzurrt, sondern es jedem dank seiner geistigen Ausrüstung gestattet, aus alten Mustern auszusteigen, wenn es wichtig und richtig ist."

„Das gefällt mir", rief meine Kollegin aus. „Das Umschwenken auf die persönliche Freiheit und Innovationskraft lässt zudem noch Platz für andersartige Handhabungen der Problemlagen. Sowohl die Mutter als auch die Ehefrau aus meinen Beispielen könnten kleine Alltagsnischen, in denen ein friedliches Gespräch miteinander möglich ist, für sogenannte ‚Ich-Botschaften' nützen und ihren Lieblingen sanft rückmelden, wie sie sich angesichts verschlossener Türen oder verstreuter Wäschestücke fühlen. Oder sie könnten Hilfestellungen anbieten, im Zuhören, im Ernstnehmen, im Entlasten u. Ä." Na, da hatte ich meine Kollegin auf ein paar herrliche Ideen gebracht!

Wenn sich das Schubladendenken aufbläht, ist dies eine brandgefährliche Sache. Alsbald werden kollektivistische Urteile über Angehörige von ganzen Völkern, Nationen, Religionen usw. gefällt. Auf einmal gibt es „die" Juden oder „die" Christen, „die" Russen oder „die" Deutschen, „die" Ausländer oder „die" Flüchtlinge, und sämtliche „die" werden mit gewissen (negativen) Charaktereigenheiten abgestempelt, was jeglicher Radikalisierung den Weg bahnt. Die Geschichtsschreibung ist diesbezüglich mit den grausamsten Verfehlungen der Menschheit gespickt. Der Konfliktforscher Friedrich Glasl hat das Phänomen der Verteufelung ausführlich untersucht und ist zu dem Schluss gelangt, dass bei sämtlichen zwischenmenschlichen Fehden die Verleitung immens ist, ein inneres Feindbild aufzubauen, das heißt, dem vermeintlichen Feind ausschließlich böse Absichten zu unterstellen und ihn sukzessive zu einem „typischen Teufel" zu degradieren, was einem selbst vermeintlich das Recht gibt, ihn gnadenlos zu bekämpfen oder gar zu vernichten.

Ein solcher Prozess kann, wie oben dargestellt, ganz harmlos im Kleinen beginnen. Er kann in jeder familiären Keimzelle zum Gären gelangen. Nehmen wir nochmals die Protagonisten aus dem obigen Beispiel her. Da war die Mutter, die sich wegen ihrer Tochter aufregt. Sollte ihre Aufregung sich zu genügend starkem Frust aufstauen, könnte sie damit anfangen, ihrer Tochter zu unterstellen, dass diese sie permanent kränken möchte. Dass diese extrem undankbar ist. Dass diese mit ihrer demonstrativen Ignoranz der Mutter quasi einen Dolch ins Herz stoßen möchte. Feindbild und Verteufelung winken bereits aus der Ferne. Bei der Ehefrau ist die Verführung zu etwaigen Fehlinterpretationen noch größer. Ihr Mann will sie mit den herumliegenden stinkenden Socken „auf die Palme bringen"! Er will sie zu seiner Bedienerin degradieren, will ihr mit seiner Schlamperei signalisieren, dass er sich einen Dreck um ihre Wünsche schert ... Feindbild und Verteufelung rücken atemberaubend näher. Dabei verschwendeten in Wirklichkeit wahrscheinlich weder das Mädchen noch der Ehemann einen einzigen Gedanken in die gemutmaßte Richtung. Beide ahnten vielleicht überhaupt nicht, welche „Panik" sie mit ihrem Verhalten in ihrem näheren Umfeld auslösten. Wir können davon ausgehen, dass beide sich ihrer „Fehler" kaum bewusst waren und sich inhaltlich auf Dinge konzentrierten, von denen wiederum die Mutter bzw. Ehefrau wenig Ahnung hatten.

Missverständnisse dieser Art gibt es unzählige. Dennoch – sie müssten nicht in Dramen einmünden.

BEISPIEL:

Der Bewohner eines Mietshauses sitzt mittags nach dem Essen auf seinem Balkon und raucht genüsslich seine Pfeife. Die Bewohnerin im Stockwerk darüber kocht leidenschaftlich gerne und öffnet mittags ihre Küchenfenster, um den Kochdunst entweichen zu lassen. Dabei stört es sie gewaltig, dass von unten Pfeifengeruch in ihre Räume eindringt.

Soweit das Grundszenario. Wie wird es mit den beiden weitergehen? Denken wir an das „Spiel mit den Möglichkeiten", das jetzt der Dame im oberen Stockwerk in die Hand gelegt ist. Es sei mir erlaubt, zwei konträre Varianten daraus anzuskizzieren.

Möglichkeit 1: Die Dame schreibt einen empörten Brief an die Hausverwaltung und beschwert sich mit drastischen Worten über den Pfeifenraucher. Den Vertretern der Hausverwaltung bleibt nichts anderes übrig, als ihren Mieter von der Beschwerde in Kenntnis zu setzen. Nun schwappt die Empörung zu dem Mann über. In der Hausordnung stehe nichts davon, dass man auf seinem Balkon nicht rauchen dürfe. Zum Trotz dehnt er ab sofort seine Rauchgewohnheiten aus ... Wer wird wen schlussendlich aus dem Haus hinausekeln?

Möglichkeit 2: Die Dame lädt den Pfeifenraucher zu einer Nachmittagsjause zu sich ein und setzt ihm auf einem hübsch gedeckten Tisch einen selbst gebackenen Obstkuchen vor. Der Mann ist entzückt. Im Gespräch erklärt sie ihm in freundlichen Worten das Problem der eindringenden Rauchschwaden in der Mittagszeit und fragt, ob er einen Ausweg wüsste. Er zeigt sich als Gentleman und weiß einen: Er soll sich aus gesundheitlichen Gründen sowieso mehr bewegen. Ein kleiner Verdauungsspaziergang nach dem Mittagessen in den nahe gelegenen Park wird ihm nur gut tun. Dabei kann er sein Pfeifchen rauchen ... Beide verabschieden sich kameradschaftlich voneinander.

Merksatz:

„Feinde" haben wir fast immer nur im Kopf. Sie sind unsere Brüder und Schwestern, die wir typisiert, in Schubladen gesteckt haben, böser Absichten bezichtigt und verteufelt haben.

TIPP 4:
VIEL ERHOFFEN,
ABER NICHTS
ERWARTEN

Die Hoffnung ist ein Leben spendendes Elixier, was sich auch in dem Sprichwort widerspiegelt, dass sie „zuletzt stirbt". Sie kann ihre Vitalkraft allerdings nur entfalten, wenn sie nicht an ein bestimmtes Zielobjekt angebunden wird. Die Hoffnung verträgt keine Fesselung, und wer sie einfängt und an Fesseln kettet, der würgt sie ab. Er funktioniert sie um in eine simple Erwartung, und Erwartungen tragen von allem Anfang an den Kern der Enttäuschung in sich.

Es ist nicht leicht, den Unterschied zwischen Hoffnung und Erwartung präzise herauszuarbeiten. Manchmal sagte ich zu meinen Patienten: „Stellen Sie sich vor, Sie haben Theaterkarten für sich und Ihre Freundin für Samstagabend gekauft. Wenn Sie nun erwarten, dass Ihnen das Theaterstück zusagen wird, könnten Sie enttäuscht werden. Wenn Sie erwarten, dass Ihre Freundin Ihre Meinung über das Theaterstück teilen wird, könnten Sie enttäuscht werden. Wenn Sie erwarten, dass laues Sommerwetter für einen gemütlichen Nachtspaziergang nach dem Theaterbesuch herrschen wird, könnten Sie enttäuscht werden. Wenn Sie erwarten, dass Sie, falls es windig und regnerisch sein sollte, sogleich ein gutes Restaurant in der Nähe finden werden, könnten Sie enttäuscht werden. Die Liste denkbarer Enttäuschungen ist ellenlang. Ernsthaft weitergeführt plädiert sie dafür, die Theaterkarten eher verfallen zu lassen und zu Hause zu bleiben. Doch sollten Sie erwarten, zu Hause eine gemütliche Zeit zu verbringen, hockt die Enttäuschung schon wieder in den Startlöchern. Deshalb mein Tipp: Erwarten Sie nichts! Hoffen Sie stattdessen auf einen gelungenen Abend, ganz egal, wie Theater, Freundin, Restaurant oder Wetter sein werden, und Sie haben eine erstklassige Chance, dass dieser Abend für Sie und Ihre Freundin ein schöner wird!"

Es gibt jedoch, was Erwartungshaltungen betrifft, eine Ausnahme, die wir näher betrachten wollen. Es ist die Gruppe jener Erwartungshaltungen, die sich *auf uns selbst* richten. Bei denen es nicht darum geht, was wir vom Leben in seinen vielfältigen Schattierungen (inklusive unserer Zeitgenossen) erwarten können, sondern was wir *uns selbst zutrauen bzw. uns selbst abverlangen*. Halten wir einen Moment inne und schauen wir uns dieses Phänomen genauer an. Wer traut da wem etwas zu? Wer verlangt da wem etwas ab? Die Psychologen und Humanwissenschaftler haben lange um einleuchtende Antworten gerungen, bis Viktor Frankl die Erklärung auf den Tisch gelegt hat: Die Person, die wir *sind*, kann sich von ihrem Ich, das sie *hat*, ein Stück weit distanzieren, und aus dem Abstand vom Ich, in den sie geistig gerückt ist, retour auf ihr Ich einwirken – eine erstaunliche menschliche Fähigkeit! Eine Fähigkeit, die wir unbewusst als selbstverständlich erachten und die uns im Grunde gar nicht fremd ist. Haben wir doch bereits ausführlich davon gesprochen, dass wir uns, und zwar nur uns, selbst ändern können, uns selbst aber jederzeit; und sind wir doch dabei über die Frage hinweggehuscht, wer da eigentlich wen ändert. Jetzt aber haben wir diese Frage samt Antwort deutlich vor uns: Unser ureigenes, innerstes Personsein kann sich aus der Körper-Seele-Geist-Einheit, die unser Ich bildet, abheben, kann gleichsam ein wenig „darüberschweben" und aus dieser „Höhendifferenz" bzw. Distanz zurückblicken auf die Einheit, der sie zugehört – unglaublich, nicht wahr? Sie kann sogar noch mehr als bloß zurückblicken: Sie kann mit dieser Einheit umgehen auf eine Art und Weise ihrer Wahl, kann gestaltend, erwartend und fordernd in sie eingreifen.

GLEICHNIS:

Um diesen komplizierten Sachverhalt anschaulich zu machen, eignet sich das Gleichnis vom Reiter und seinem Pferd. Wenn beide flott ihres Weges dahingaloppieren, bilden sie eine Einheit. Dennoch hebt sich der Reiter von seinem Pferd ab, nicht nur buchstäblich, indem er absteigen kann, sondern auch als eine die Einheit überragende Größe. Er ist zwar, was den Vorgang des Reitens betrifft, auf sein Pferd und dessen Tüchtigkeit angewiesen, aber dank der „Höhendifferenz" des verschiedenartigen Seins zwischen ihm und dem Pferd kann er auf sein Pferd einwirken, mit ihm umgehen, es lieblos oder liebevoll behandeln, gewisse Bewegungen und Rhythmen mit ihm eintrainieren usw. Ähnlich kann ein Mensch seinen Organismus, auf den er mindestens so angewiesen ist wie der Reiter auf sein Pferd, pfleglich oder wenig pfleglich behandeln, kann seinen „Ritt durchs Leben" nach Wunsch dirigieren, kann ihn ungezügelt oder gezügelt vollziehen, überhitzen oder mäßigen, kann Erwartungen an ihn hegen und Forderungen an ihn stellen.

Überlegen wir: Ist auch beim „Reiter" eine Abstinenz an Erwartungshaltungen zu empfehlen? Freilich können Erwartungen an sein Pferd schlichtweg schiefgehen. Es bockt, es lahmt, es verweigert den Gehorsam ... analog zu unserem Organismus, der kränkeln und aus der Normalität ausscheren kann. Erhoffen wir somit das Beste für ihn und lassen es damit bewenden. Wie steht es im Gegensatz dazu mit den Erwartungen des Reiters *an sich selbst*? Nichts spricht dagegen, dass er ein dem Tierwohl adäquates, anständiges Verhalten von sich selbst einfordert. Dass er bis in die verborgenen Winkel seines Gewissens hinein erspürt, dass von ihm ein respektvoller Umgang mit seinem Pferd erwartet werden darf. Ja, dass darüber hinaus auf seiner Reitroute Schonung von Flur, Hain und Fußgängern angemessen ist. So enttäuschungsschwanger alle unsere Erwartungen an die Außenwelt sind, so ethisch abgesegnet dürfen alle unsere Erwartungen an uns selbst sein – dann werden wir wenig „Reitunfälle" auf unserem Weg verursachen.

In der Psychologie sind die unterschiedlichen Erwartungen an sich selbst hinlänglich erforscht. Es ist bekannt, dass sie über Feedbackmechanismen in künftige Geschehnisse mit einfließen. Eine eigene psychologische Beratungsrichtung basiert auf nichts anderem als dem sogenannten „positiven Denken" und dessen erbaulicher Einflusskraft. Wer an sich selbst glaubt und Vertrauen in seine Kompetenzen hat, das heißt, davon ausgeht, Schwierigkeiten meistern und angepeilte Ziele erringen zu können, besitzt eindeutig einen Vorteilsbonus. Solange er sein „positives Denken" nicht überzieht und verbissen zwanghaft Glücks- und Erfolgssträhnen herbeipressen möchte, solange also jemand lockeren Gemüts sich um sinnvolle Aufgaben kümmert, unbesorgt um auftauchende Probleme, deren Handhabung ihn nicht schrecken, solange sitzt er fest „im Sattel".

Dem gegenüber steht die von Frankl ausführlich beschriebene „Erwartungsangst" mit ihren negativen bis pathologischen Folgen. Sie hat die Macht, sogar einen versierten Reiter „aus dem Sattel zu werfen". Wer ständig glaubt, er werde versagen, sich lächerlich machen, sich blamieren, in Gesellschaft kein vernünftiges Wort hervorbringen, durch jegliche Prüfung fallen und was sonst alles an Misslichkeiten auf ihn zukommen könnte, der ist ein perfekter Kandidat für „sich selbst erfüllende Prophezeiungen". Häufig tritt exakt das von ihm prophezeite Ungemach ein – nicht weil seine Prophezeiung goldrichtig gewesen wäre, sondern weil der Prophezeiungsakt seinerseits das Ungemach angelockt und herbeigezogen hat.

ERGÄNZUNG ZUM GLEICHNIS:

Springreiter wissen davon ein Lied zu singen. Wenn sie auf eine Hürdenstange zureiten, die das Pferd überspringen soll, wird ihnen eingetrichtert, bloß nicht ängstlich auf diese Hürde zu starren. Die Negativerwartung, sie könnten an der Stange straucheln, überträgt sich über ihre gramgebeugte Körperhaltung auf ihr Pferd, das in solchen Fällen oft vor der Stange scheut oder stehen bleibt. Stattdessen, so werden sie belehrt, sollen sie voller Zuversicht den Reitpfad *hinter dem Hindernis* anvisieren, sollen sich gleichsam schon dort gut angekommen antizipieren. Denn dann nehmen sie automatisch eine aufrechte, sportliche Körperhaltung an, die dem Pferd signalisiert: „Du schaffst es! Spring!" Und das Pferd versteht.

Fassen wir zusammen. Es gibt ein Grundmuster von beachtlicher Tragweite, das, simpel ausgedrückt, lautet: „Erwarte möglichst nichts, weder vom Schicksal noch von anderen Menschen, weder Schlechtes (Stichwort „Vorverurteilung") noch Gutes (Stichwort „Enttäuschung"). Lasse dich einfach überraschen. Erwarte dafür umso mehr von dir selbst – und zwar wenig Schlechtes und reichlich Gutes!"

Warum das wenig Schlechte? Nun, es ist ein Tribut an unsere Ehrlichkeit und dient dem Zwecke der Warnung, etwa wenn wir in Hochmut oder Übermut auf eine hohe Betonmauer zugaloppieren, um noch im Gleichnis zu sprechen. Auf Abwegen mit potentiellen Negativfolgen brauchen wir schließlich nicht Kurs zu halten. Reichlich Gutes aber dürfen wir rund um den Tag von uns selbst einfordern ... dann wird uns zumindest *eine gute Sache* am Tage glücken. Immerhin gibt es ja auch sich selbst erfüllende Prophezeiungen im Positiven.

Unabhängig von jeglicher Erwartung jedoch seien wir und unsere Mit- und Umwelt unter einen Schutzschirm der Hoffnung gestellt. Er ist so groß und so weit, dass alles unter ihm Platz findet, mag es uns gut oder schlecht dünken. Er ist der Himmel, der „Pferde", „Reiter" und „Hürden" gleichermaßen überspannt, mit seinem Licht übergießt und nicht von ihnen weicht.

MERKSATZ:

Wenn wir mit unseren Erwartungen sparsam und mit unserer Hoffnung verschwenderisch umgehen, sind wir gegen Entmutigungen vielerlei Art gefeit.

Tipp 5:
Was du willst, dass man (dir) tut

„Was du nicht willst, dass man dir tut, das füge auch keinem anderen zu" wird schon Kindern von klein auf gelehrt. Zumindest sollte es sie im Rahmen einer verantwortungsvollen Erziehung, die nicht nur auf die Eigenbedürfnisse der Kinder zugeschnitten ist, gelehrt werden. Allerdings hat sich in der Pädagogik längst erwiesen, dass es ungenügend und eher nutzlos ist, jemandem zu erklären, was er *nicht* tun soll. Das Wissen, was zu unterlassen ist, erzeugt nämlich kein Wissen, was *stattdessen* zu tun sei. Sämtliche Lehrer, ob Fahrlehrer, Skilehrer, Mathematiklehrer etc., halten sich daher an das Gebot, ihren Schülerinnen und Schülern stets parallel zur Fehlervermeidung darzulegen und vorzuexerzieren, wie „man es richtig macht" – im Auto, auf der Skipiste oder im numerischen Kosmos.

Drehen wir deswegen unseren Merksatz vom „Nicht-zufügen-Sollen" um und fragen wir, was es denn gilt, anderen zuzufügen. Das ist leicht formuliert: „Füge ihnen zu, was du willst, dass sie dir antun!" Mit dieser Wendung wird die abstrakte Moral sogleich viel konkreter. „Wie willst du selbst behandelt werden?" Wer wüsste nicht auf Anhieb, wie er behandelt werden will? Überreicht man jemandem Papier und Bleistift und bittet ihn, aufzuschreiben, was er sich von seinen Mitmenschen wünscht, kann man sicher sein, dass sich das Blatt alsbald von oben bis unten füllt. Verständnis und Rücksichtnahme sind Superknüller darauf. Mitgefühl und Empathie werden dick unterstrichen. Akzeptiert werden, so wie man ist, kann aus zahlreichen Zeilen herausgelesen werden. Sich ausweinen und ausklagen dürfen, steht in zittriger Schrift dazwischen. Kollegialität und Höflichkeit eifern mit der Hilfsbereitschaft um die Wette. Ernst genommen werden endet mit zwei Rufzeichen. Und so geht es fort …

Würde man die Niederschrift an die Verfasser zurückgeben mit der Anweisung, ihrerseits das gesamte Spektrum des Erwünschten an ihre Mitmenschen auszuteilen, würden sie sich total überfordert fühlen. „Wir sind doch keine Engel!", würden sie einwenden. Das sei ihnen zugestanden – solange sie dasselbe anderen zugestehen. Genauso wie niemand ein reiner Teufel ist, ist auch niemand ein reiner Engel. Dennoch: Bemühen darf man sich!

Wie kann ein solches Bemühen in der alltäglichen Praxis aussehen?

Der Abteilungsleiter einer großen Lebensmittelmarktkette war von seinem Arzt ermahnt worden, jeglichen Stress und Druck von sich abzuhalten, da er physisch und psychisch bereits knapp vor einem Kollaps stünde und sich bloß noch mit Reservekräften aufrecht hielte. In einem darauffolgenden Beratungsgespräch mit seinem Coach äußerte der Abteilungsleiter, dass er keine Ahnung habe, wie er Stress und Druck abbauen solle. Das Arbeitspensum überrolle ihn völlig, und seine Angestellten seien derart träge und langsam, dass er sie ständig anfeuern müsse, mehr Leistung zu erbringen, was ihn „den letzten Nerv koste". Offenbar gehörte er zu denjenigen, die eigenen Frust prompt weitergeben und austeilen, wodurch sich die gegenseitigen Animositäten immer mehr aufschaukeln. Eine ständig kritisierte und zusammengestauchte Belegschaft ist nicht motiviert, ihrem Chef Freude zu machen, sondern werkelt verbissen vor sich hin. Was den Chef erneut dazu veranlasst, sie zu kritisieren und zusammenzustauchen.

Der Coach fragte den Abteilungsleiter, welchen Arbeitsstil er sich denn von seinem Team wünsche. „Einen gleichermaßen engagierten wie ruhigen, besonnenen und fröhlichen, bei dem auf die Dinge und die Menschen geachtet wird, mit denen die Leute zu tun haben", lautete die Antwort. „Das ist ausgezeichnet formuliert", lobte ihn der Coach. „Ab heute sei dies Ihr eigenes künftiges Arbeitsmotto", fuhr er fort. „Kein Wort der Kritik, Strenge oder Druckausübung mehr an Ihre Belegschaft! Konzentrieren Sie sich einzig und allein darauf, ihr exakt das Vorbild zu geben, das Ihrem Wunsche entspricht!" Der Abteilungsleiter reagierte verblüfft. „Dann schlampen sie doch noch mehr!", rief er aus, doch der Coach winkte ab. „Lassen Sie es darauf ankommen! Das Arbeitsklima in Ihrem Betrieb wird sich nicht rasch ändern, aber ich bin sicher, dass es sich allmählich in allseits angenehmer Weise ändern wird."

Der Coach behielt Recht. Die Angestellten atmeten auf, nahmen sich an ihrem plötzlich moderaten und kulanten Chef ein Beispiel und steigerten ihre Effizienz. Und der Abteilungsleiter hörte bei seinem nächsten Arztbesuch ein paar lobende Worte.

Grundsätzlich ist es fruchtbarer – wenn auch wesentlich schwerer! –, sich selbst zu bessern als andere zu kritisieren. Zahlreiche Studien sowohl an Schulkindern als auch an Arbeitspersonal bestätigen, dass Kritik stets nur einen minimalen und kurzfristigen Erfolg zeitigt. Die Untersuchungen beweisen sogar, dass solch ein Erfolg mit zunehmender Schärfe der Kritik weiter absinkt, wofür manche Wissenschaftler das Wort „Kritikfalle" gebrauchen. Jede mit Strafandrohungen verbrämte Kritik intensiviert den inneren Widerstand beim Kritisierten und blockiert damit seine Loyalität dem Kritisierenden gegenüber. Auch erzwungener Gehorsam ist verneinter Gehorsam, der bei der geringsten Lockerung des Zwangs in Verweigerung umschlägt.

Unvergleichlich mehr Erfolg versprechend ist dagegen jede Erneuerung von sich selbst. Wer einmal erfahren hat, wie befreiend es ist, seine eigenen Fähigkeiten zur Entfaltung zu bringen, darunter welche, die vielleicht seit Jahren brach liegen, aber dennoch knospenhaft in einem schlummern, der entspannt sich in einem warmen Gefühl der Zufriedenheit. Kein ängstliches nach rechts und links Spähen mehr, ob irgendwer Fremder mit einem zufrieden ist. Kein vergebliches Imitieren mehr von beneideten, privilegierten Personen. Nein, ein bisschen verdienter Stolz auf sich selbst darf sein! Freilich sind nicht alle unsere Fähigkeiten wert, zur Entfaltung gebracht zu werden. Schließlich wohnen auch dämonische Fähigkeiten in uns, Untugenden, Listen und Tücken, die keiner Verstärkung wert sind. Die man im Gegenteil fest an die Kandare nehmen muss, um sie möglichst zu bändigen. Das oft zitierte Schlagwort von der Selbstverwirklichung ist insofern trügerisch, als es eigentlich um eine Wertverwirklichung geht: um die Realisierung *verwirklichungswürdiger Potenzen* und keiner anderen, die ebenfalls tief in uns vergraben sein können. Wie aber entdeckt man, was in einem selbst noch verwirklichungswürdig ist? Man braucht nur in den Spiegel seiner eigenen Träume und Sehnsüchte schauen, dann enthüllt sich darin nicht selten Notwendiges, das „Not wendet" – falls man selbst zum „Wenden" schreitet.

ZWEI KURZBEISPIELE:

1. Eine Gastwirtin hegte einen Wunschtraum, von dem sie genau wusste, dass er niemals in Erfüllung gehen würde. Sie träumte in den Stoßzeiten ihres Betriebs davon, dass jemand einfach bei der Türe hereinspaziert kommen und fragen werde, ob er ihr ein paar Handgriffe abnehmen könne. Er sei Pensionist und habe viel Zeit übrig ...

Als sie das Gasthaus in jüngere Hände gelegt hatte und in den Ruhestand getreten war, marschierte sie eines Tages durch die Türe des nahe gelegenen Kindergartens und fragte, ob es in Ordnung wäre, wenn sie gelegentlich den Kleinen etwas vorlesen würde. Die beiden ziemlich überlasteten Kindergärtnerinnen konnten das Angebot kaum fassen und stimmen glücklich zu. Seither saß die ehemalige Gastwirtin an drei Nachmittagen pro Woche in einer Ecke des geräumigen Spielzimmers und las oder erzählte die schönsten Geschichten, die sie in der Bibliothek gefunden hatte, umringt von einer andächtig lauschenden Schar. Währenddessen konnten die Kindergärtnerinnen ungestört Knirpse mit besonderen

Bedürfnissen unterstützen, wofür ihre Ressourcen bisher nie ausgereicht hatten. Was du willst, dass man dir tut …

2. Ein überzeugter Umweltschützer mittleren Alters hielt angesichts des krassen Elends in der Welt die Verschwendung von noch brauchbaren Lebensmitteln und Sachgütern für eine Riesenschande. Doch er stieß mit seinen Schimpftiraden auf wenig Gegenliebe. Da änderte er seine Strategie und richtete in dem sechsstöckigen Haus, in dem seine Wohnung lag, in einer Treppennische im Parterre einen kleinen „Gabentisch" ein. Ein Schild besagte, dass man alles noch Verwendbare, das man nicht mehr benötige, dort deponieren könne, und dass sich jeder nehmen dürfe, was er möchte. Siehe da, der Gabentisch wurde von den Hausbewohnern gerne in Anspruch genommen. Er war selten leer, blieb aber auch nie lange voll, und bald ging das Gerücht um, dass auffallend häufig Bewohner aus benachbarten Häusern „zu Besuch weilten". Den Umweltschützer freute dies; vielleicht fand sich ja jemand, der seine Initiative aufgriff und kopierte. Was du willst, dass man (dir) tut …

Merksatz:

Das kluge Wort von Mahatma Gandhi: „Sei du selbst die Veränderung, die du dir wünscht für diese Welt!" kann als idealer Reiseführer durchs Leben verstanden werden.

Tipp 6:
Entdecken, was
anerkennenswert ist

Wir sind Akrobaten in der Rekonstruktion des Miss-
lingens" hat der Philosoph und Theologe Wolfram
Kurz einmal geschrieben. Er nahm damals Bezug
auf die sowohl in reichen als auch in armen Ländern
sich ausbreitende „existentielle Frustration"
(Frankl), die mit Alkohol, Drogen, Konsumrausch,
Aggressionsexzessen und vielerlei Terror über-
tüncht wird, aber in ihrem Ursprung Ausdruck einer
Massenmissbefindlichkeit ist, der die Massen eben
nicht gewachsen sind. Schaut man sich heutzutage
in der Medienlandschaft um, kann einen schon
manchmal das Grauen befallen. Negative Analysen,
schonungslose Bilder, Berichte und Prognosen
schüren pausenlos die Angst. Aber Menschen in
Panik gebrauchen ihre Vernunft nicht, und niemand
setzt sich für eine als verpfuscht vorgegaukelte
Zukunft ein. Unsere Zeitgenossen erleben sich von
einer horriblen Bedrohungskulisse umzingelt, die
ihr Gespür für sämtliche destruktiven Einzelheiten
schärft und ein Karussell der Klage in Gang bringt,
das kaum mehr abzustoppen ist. Das vor allem die
Konzentration davon abzieht, dass jene Missbefind-
lichkeit ihrem Wesen nach eher ein Aufruf zur Überwindung (und nicht zur Übertünchung) ihrer selbst

ist, ja dass sie „Verweischarakter" hat, wie Wolfram Kurz eindringlich hervorgehoben hat, nämlich darauf verweist, dass das Leben nicht richtig geführt wird, und dass die Zeichen der Zeit auf ein sukzessives Umdenken und Umlenken hindeuten. Doch nur wer sich von einer heilenden Macht umfangen glaubt, sieht auch Sinn in kleinen Schritten einer Lebensstilkorrektur – und vom Glauben an eine heilende Macht scheinen wir allesamt weiter entfernt zu sein als je zuvor.

Viktor Frankl war in dieser Hinsicht nicht nur ein „Prophet", der die Zuspitzung der globalen Malaise vorhergesehen hat, sondern auch ein „Rufer in der Wüste", der nicht müde wurde zu erläutern, dass Therapie – im Individuellen wie im Allgemeinen – nicht bloß störungs- und vergangenheitsorientiert sein darf. Die Kenntnis der Entstehung einer pathologischen Symptomatik führt keineswegs direkt zum Verständnis, was dem Leben zuträglich ist. Es gilt vielmehr herauszufinden, was den Menschen gegenwärtig „in personaler Exklusivität" aufgetragen ist, es gilt, sie zur „Weltoffenheit" freizusetzen, damit sie den Anspruch wahrnehmen, der von jenseits ihrer selbst auf sie gerichtet ist. Die Weichen für die

Zukunft werden *jetzt* gestellt, und jeder von uns hat seine Hand am Stellwerkhebel.

In diesem Zusammenhang ein Tipp: Man entdecke, was anerkennenswert ist! Man ignoriere einmal die demotivierende Medienflut und bilde sich eine eigene Meinung, indem man pingelig nach allem Anerkennenswertem Ausschau hält, das sich zumindest andeutungsweise im Umfeld abzeichnet. Man sitzt morgens am Frühstückstisch? Viele unbekannte Personen haben sich für diesen Genuss abgemüht, haben Kaffeebohnen geröstet, Getreide geerntet, Brötchen gebacken, Hühner gezüchtet und Eier geliefert, im Verkaufsladen gestanden etc. Andere haben uns einen Beruf gelehrt, haben uns Arbeit und Lohn gegeben, damit wir das tägliche Frühstück auch bezahlen können. Wir sind eingebunden in ein funktionierendes Netzwerk gegenseitiger Dienstbarkeit, und jedes Mitglied dieses Netzwerkes ist für die Gesamtheit gleichermaßen wichtig. Wie wäre es, einigen von ihnen gelegentlich unseren Dank rückzumelden?

Dem Desaster der Kränkung steht das Wunder der Wertschätzung gegenüber. Ein paar lobende Worte in der Bäckerei, eine Bemerkung darüber, wie flink die

Kassiererin im Supermarkt ist, ein verständnisvolles Ohr für die Kollegen im Betrieb, ein kleines Entgegenkommen bei Engpässen in der Arbeit – es kostet so wenig und schenkt so viel! Wenn jeder nur jammert und lamentiert, lassen alle im Umkreis die Köpfe hängen. Einer genügt, der etwas aufrichtig Anerkennenswertes zur Sprache bringt, und die Köpfe heben sich wieder. Anerkennung wirkt wie eine stimulierende Infusion, die den Kreislauf der gegenseitigen Dienstbarkeit wieder in Schwung bringt.

BEISPIEL:

Eltern suchten eine Erziehungsberatungsstelle auf, weil ihr introvertierter elfjähriger Sohn bockig und gegen jede Ermahnung immun war. Nach der Schule warf er nachmittags Bücher und Hefte von sich, legte sich mit seinem Tablet aufs Bett und spielte im Internet herum, bis ihm die Augen zufielen. Die Folge war, dass er nachts die nötigsten Aufgaben ins Heft schmierte, wodurch er nächsten Tages erst recht unausgeschlafen in die Schule kam. Der Vater hatte dem Jungen nach endlosem Geschimpfe verboten, sich andauernd mit dem Tablet zu beschäftigen, ansonsten würde die Mutter das Tablet konfiszieren. Doch als sie es tatsächlich versuchte, stürzte sich der Junge wutschnaubend auf sie und boxte ihr mit den Fäusten in den Magen. Die Eltern wussten sich keinen Rat mehr. Die Erziehungsberaterin bat um ein Gespräch mit dem Sohn, doch dieser verweigerte einen Besuch bei ihr. Da erklärte sie den Eltern Folgendes:

Bestrafung schafft Feinde. Auch das Verbieten und sogenannte Grenzensetzen hat einen markanten Nachteil. Man muss nämlich dazudefinieren, was man zu tun gewillt ist, falls gegen das Verbot verstoßen bzw. die Grenze überschritten wird. Als krasses Exempel nannte sie den Mauerbau der ehemaligen DDR. Dieser implizierte bereits im Keim den Schießbefehl. Denn ohne einen solchen hätte jedermann, der in den Westen gelangen wollte, eine Leiter an die Mauer gelehnt und wäre darübergeklettert. Wer Mauern baut, muss Schießbefehle und Konsorten geben, und das ist eine üble Sache, wie man inzwischen weltweit beobachten kann.

Eine echte Alternative ist die Vergabe von Wertschätzung. Wertgeschätzte Bürgerinnen und Bürger wollen ihr Land nicht verlassen, und jeglicher Mauerbau erübrigt sich. Die Eltern sollten daher überlegen, was es Anerkennenswertes an ihrem Sohn aufzuspüren gab. Sobald sie solches entdeckt hatten, sollten sie es ihm rückmelden, weder übertrieben noch schmeichlerisch, sondern in simpler Klarstellung, dass sie es registrierten und sich darüber freuten. Die Erziehungsberaterin bat um eine neuerliche Besprechung in 14 Tagen.

Als die Eltern wieder bei ihr saßen, erzählten sie, was sich ereignet hatte. Nach einigem Rätselraten waren sie übereingekommen, dass es anerkennenswert war, dass ihr Sohn regelmäßig zur Schule ging und diese nicht schwänzte. Anerkennenswert war auch, dass er nie ohne Hausaufgaben in der Schule eintraf. Und besonders anerkennenswert war, dass er trotz seiner mäßigen Lernbereitschaft durchschnittlich gute Noten erzielte. Ein kleiner Rest an Anerkennung konnte sogar für seine Fitness im Gewühl des Internets reserviert werden, denn schließlich war er ein Kind seiner Zeit und musste bei den Zeittrends mithalten können. Das alles hatten die Eltern ihrem Sohn bei einem gemeinsamen Abendessen präsentiert. Daraufhin hatte sich der Junge sofort an seine Hausaufgaben gemacht und war früher ins Bett gekommen als zuvor. Dieses geänderte Verhalten hatte er beibehalten. Zwar „verplemperte" er immer noch die Nachmittage, aber abends wurde er fleißig. Die kluge Mutter verlegte daraufhin das Abendessen um eine halbe Stunde nach vorne, was der Junge kaum bemerkte, was ihm aber eine halbe Stunde mehr Hausaufgabenzeit bzw. Schlafenszeit danach einbrachte. Sein Lebensrhythmus war nicht ideal, doch der Friede in der Familie war zunächst wiederhergestellt.

Ich habe erwähnt, dass der „Glaube an eine heilende Macht", egal wie man sie verstehen mag, ein Impuls sei, auch angesichts sich zusammenballender tragischer Ereignisse nicht zu resignieren und zu kapitulieren. Zahllose Studien aus psychologischen Instituten haben ein und dasselbe Ergebnis offenbart, nämlich dass solch ein Glaube nicht nur durch Megakrisen hindurch trägt, sondern sich in ihnen sogar noch zusätzlich festigt. Ganz plausibel ist dies nicht, weshalb man verschiedene Interpretationen gewagt hat, vom primitiven Wunschdenken angefangen bis zum Klammern an religiöse Strohhalme, doch dürfte dies alles dem beobachteten Phänomen nicht voll gerecht werden. Am wahrscheinlichsten ist die These, dass solch ein Glaube Menschen instand setzt, selbst in Megakrisen noch Anerkennenswertes in der Welt zu orten und dadurch im Modus eines Willens zur Krisenbesänftigung zu verharren. Jeder Realist weiß, dass er allein keine ausufernden Krisen meistern kann, aber der „gläubige" Realist fühlt sich eben nicht total allein, und das ermutigt ihn, das Seine zur Meisterung beizutragen.

Vielleicht lässt sich das genannte Phänomen auch umdrehen. Wenn unser Glaube leckt und unsere Zuversicht stockt, könnten wir der Resignation und Kapitulation noch entrinnen, wenn wir die Brosamen von Anerkennenswertem rings um uns aufsammeln. Probieren wir es als Erstes bei unseren Mitmenschen. Lassen wir einmal ihre Schäbigkeiten beiseite. Durchforsten wir sie auf den einen oder anderen noblen Zug, der sich an ihnen zeigt, auf die paar Lorbeeren, die sie sich erworben haben, auf die Tugendansätze, die unter ihrer Außenschale hervorlugen. Wer suchet, der findet! Und wer diesbezüglich fündig geworden ist, braucht seinen Fund nicht bei sich zu behalten, sondern darf ihn lautstark hinausposaunen, da das Positive sowieso viel zu oft in Stillschweigen versickert. „Es gefällt mir an dir, dass du …" – welch ein Zauberwort! Lachfalten bilden sich, Herzen gehen auf, Hände strecken sich aus … nichts macht unsere Mitmenschen umgänglicher und kooperativer als ein kleines Lob am richtigen Platz und im richtigen Moment. Auf einmal ist das Gespür dafür da, nicht ganz allein zu sein, zumindest auf horizontaler Ebene.

Dehnen wir jetzt unsere Suche nach Anerkennenswertem auf das allwaltende Schicksal aus. Wir leben noch, wunderbar! Wir können sehen, hören, uns bewegen, denken etc., wunderbar! Wir haben genug zu essen, wunderbar! Wir haben ein Zuhause, wunderbar! Wir sind bei einigem Nachdenken in der Lage, weitere Wunderbarkeiten aufzuzählen. Nichts davon ist selbstverständlich. Also ist es reines Geschenk des Schicksals an uns. Freilich, manch Ersehntes ist uns *nicht* geschenkt, aber das lassen wir vorläufig beiseite. Niemand ist gezwungen, lediglich das ihm Verwehrte zu memorieren. Er kann ebenso das ihm Geschenkte würdigen, und je mehr er sich darin einübt, desto freundlicher wird ihn sein Geschick dünken. Desto versöhnlicher wird er seinem Schicksal gegenübertreten und desto intensiver wird sich sein Gespür dafür formen, doch nicht ganz allein zu sein – auch nicht in vertikaler Perspektive.

Merksatz:

Polizeihunde sind darauf abgerichtet, versteckte Drogen zu erschnüffeln. Und wir? Könnten wir das versteckte Anerkennenswerte der Welt „erschnüffeln", wüchse unsere Liebe zu ihr.

Tipp 7:
Das klärende, heilsame Gespräch

Erstklassige Schauspieler vermögen es, die Emotionen der von ihnen dargestellten Figuren deutlich zum Ausdruck zu bringen. Zu diesem Zweck überzeichnen sie in Gestik und Mimik die Gemütslage, die sie an die Zuschauer herantragen sollen. Sie stöhnen erbärmlich, sie erstarren in Verblüffung, sie hüpfen hektisch im Jubel oder sie schlagen unkontrolliert um sich vor Zorn. Selbst unterdrückte Gefühle wissen sie durch steife Haltung, zusammengepresste Lippen, gerunzelte Stirn oder verkniffene Augen unmissverständlich kundzutun. Es ist gleichsam ihre Berufsehre, in eine Rolle so offensichtlich hineinschlüpfen zu können, als wäre sie ein Stück echten Lebens.

Im echten Leben allerdings ist es weder üblich noch ratsam, seine Emotionen derart demonstrativ nach außen zu tragen. In einem langen Zivilisationsprozess ist es uns Menschen gelungen, die geistige Oberherrschaft über unsere Triebhaftigkeit und Launenhaftigkeit zu erlangen. Wir küssen nicht jeden, den wir sympathisch finden, und wir ohrfeigen nicht jeden, der uns provoziert. Eine gewisse Spontaneität ist uns zwar gesellschaftlich gestattet, aber es gibt inzwischen einen Konsens darüber, dass unsere Gefühle dort überwacht gehören, wo sie ungebremst andere irritieren oder gar verletzen würden.

Leider kann es sein, dass dieser Konsens aufgeweicht wird – nicht zuletzt durch starken Fernseh- und Spielfilmkonsum, in dem die Akteure ihre psychische Verfasstheit zu schauspielerischen Zwecken eben überdeutlich zeigen. Junge oder unreife Personen kann dies zur Nachahmung animieren, was im echten Leben selten gut ausgeht. Zu kurz kommt in diesem Fall der geniale Ausweg aus dem Triebdruck, den sich die Menschheit in einem langen Errungenschaftsprozess erarbeitet hat, nämlich: *miteinander klar, vernünftig und achtungsvoll zu sprechen.* Noch ist dieses Rezept nicht weit genug gediehen, um sämtliche militärischen Auseinandersetzungen am Verhandlungstisch zu verhüten. Doch gibt es dazu keine Alternative. Mit derselben Hirnkapazität, die es uns ermöglicht, Flugkörper am Mars zu landen, künstliche Intelligenz zu steuern oder Gene zu manipulieren, ist uns bewusst, dass wir von Angesicht zu Angesicht miteinander reden müssen über alles, was uns bewegt – um nachhaltige Lösungen zu finden für alles, was uns bewegt.

Schon in der Schule sollte ein Art Kommunikationstraining beginnen. Schülerinnen und Schüler, die sagen können, wenn sie etwas plagt, und dies in möglichst angemessenem Ton, müssen nicht zu Spott, Häme, Fäusten oder gar Messern greifen, um inneren Dampf abzulassen. Lehrerinnen und Eltern, die solche Aussagen ernst nehmen und vermittelnd intervenieren, helfen bei der Konfliktbeilegung. Die Sensibilisierung dafür, dass bei gutem Willen praktisch alle Stolpersteine auf dem Gesprächswege ausgeräumt werden können, hat früh zu erfolgen. Denn damit wird die Friedensfähigkeit der jungen Generation angekurbelt, und ich wüsste nicht, was sie in Zukunft dringender brauchen würde als dies.

BEISPIEL:

Der Zwist zwischen zwei Brüdern, Alfons und Daniel, hatte einen dramatischen Höhepunkt erreicht. Der 17-jährige Alfons stand oben auf einer Leiter, um einen verirrten Tennisball aus einer Dachrinne zu holen. Der 15-jährige Daniel schlich sich von hinten heran und stieß die Leiter um. Beim Sturz erlitt

Alfons zwei Knochenbrüche und etliche schmerzhafte Prellungen. Er zeigte seinen Bruder bei der Polizei an und weigerte sich, weiterhin gemeinsam mit ihm im elterlichen Haus zu wohnen. Die berufstätigen Eltern fühlten sich mit der Situation überfordert und baten das Jugendamt um Hilfe. Daraufhin kam ein Sozialpädagoge mit Mediatorausbildung zu den verfeindeten Brüdern.

„Ihr beide wisst, warum ihr einander nicht leiden könnt", begann er das Dreiergespräch. „Aber bevor ihr mir davon Details berichtet, möchte ich hören, was ihr aneinanderr akzeptabel findet. Du, Alfons, bist jetzt verständlicherweise sehr böse auf Daniel. Aber gibt es trotzdem irgendetwas, das du an Daniel gut findest?" „Daniel war immer brav!", rief Alfons aus. „Er hat nie gemeckert. Er hat sich nie heftig beschwert. Auch nicht, wenn ich ihn weggeschickt habe. Ständig wollte er mich begleiten, ist mir nachgetrottet wie ein Hund. ‚Scher dich von dannen!', habe ich ihn angeschrien, wenn er wie eine Klette an mir hing, aber er hat nie aufbegehrt. Ist nur stumm dagestanden. Und dann – plötzlich so ein gemeiner Hinterhalt!" „Davon später", unterbrach ihn der Sozialpädagoge. „Ist das richtig, dass du ihn als brav, anhänglich und ruhig einschätzt, und dass dir diese Eigenschaften eigentlich gefallen?" Alfons nickte. Nun wandte sich der Sozialpädagoge an Daniel. „Wenn du Alfons so gerne begleitet hast, gab es sicher etwas, das dir an Alfons imponiert hat?" „Ja", schluchzte Daniel. „Sprich", forderte der Sozialpädagoge ihn auf, „sage alles, was du dir schon seit langem denkst. Jetzt ist der Zeitpunkt gekommen, deinen Standpunkt in Worte zu fassen!" „Alfons ist so sportlich, so geschickt, so beliebt. Er kann einfach alles. Ich habe ihn immer bewundert." Tränen rannen Daniel über die Wangen. Mitten im Schweigen, das daraufhin folgte, stand Alfons auf und drückte seinen Bruder an sich. „Ach, du kleiner Dummkopf", flüsterte er.

Das gegenseitige Austeilen von Anerkennenswertem legte sich wie ein Pflaster auf die seelischen Wunden der beiden Brüder. „Euer Problem ist", fuhr der Sozialpädagoge fort, „dass ihr nie klar und aufrichtig miteinander gesprochen habt. Das holen wir jetzt nach. Und zwar in Quizform. Alfons: Wie, glaubst du, ging es deinem Bruder, wenn er dir nachlief und du ihn weggestoßen hast?" „Dreckig", murmelte dieser. „Bitte ein bisschen ausführlicher!" „Na, er muss enttäuscht gewesen sein ... wenn er mich so anhimmelte und ich ihn so rüde behandelte, muss er sich minderwertig vorgekommen sein ... vielleicht hat sich eine Menge Wut in ihm aufgestaut ... die hat er stumm hinuntergeschluckt ... aber irgendwann ... als er die Leiter sah ... ist sie unvermittelt aus ihm herausgebrochen ..." „Du bist wirklich ein kluges Kerlchen", lobte der Sozialpädagoge, der sich daraufhin Daniel zuwandte: „Und wie, glaubst du, dass es deinem Bruder ging, wenn du ihm ständig auf den Fersen warst, nicht abzuschütteln, selbst wenn er schimpfte?" „Ich war ihm lästig", flüsterte Daniel und wurde ebenfalls ermuntert, fortzufahren. „Er wollte mit seinen Kumpanen mancherlei unternehmen, Radtouren, Kanufahrten, aber mit mir im Schlepptau war er ständig blockiert. Er musste sowieso früher auf mich aufpassen, als ich noch klein war ... wenn die Mutter keine Zeit hatte ... als ich größer wurde, wollte er endlich frei sein von dieser Verpflichtung ... aber ich ... hatte sonst niemanden und ließ ihn nicht los ..." „Noch ein kluges Kerlchen", schmunzelte der Sozialpädagoge. „Bei so viel Klugheit könnte euch beiden ein neuer, befriedigender Anfang eurer Beziehung einfallen, oder?"

Nach einigem Diskutieren sagte Daniel zu Alfons: „Also, ich werde mich bemühen, selbständiger zu werden und dich nicht mehr zu behelligen. Du hast genug für mich getan. Du sollst dich deinen Freunden und deinem geliebten Sport widmen können! Und ... verzeih mir. Ich entschuldige mich bei dir für die Missetat mit der Leiter!" Alfons strich ihm über die Haare, lächelte und antwortete: „Es macht mich besorgt, dass du sagtest, du hast sonst niemanden als mich. Ich werde mich darum kümmern, dass du bei den Pfadfindern oder bei einer anderen Jugendorganisation aufgenommen wirst. Du wirst Gleichaltrige finden, mit denen du dich prima verstehst. Wenn du weniger verschlossen bist und fröhlicher drauflosplauderst, wirst du auch leichter Kontakte mit deinen Schulkameraden finden." Eine ähnliche Empfehlung gab der Sozialpädagoge von sich, der Daniel davor warnte, wiederum irgendeinen Kummer zu verbergen, bis er damit explosionsartig herausplatze. „Nichts ist so lindernd und heilsam wie ein klares, vernünftiges und achtungsvolles Gespräch miteinander", band er den Brüdern zum Abschied auf die Seele, und wir dürfen davon ausgehen, dass sie diese Lektion gelernt haben.

Was am Beispiel transparent wird, ist das Faktum, dass die sogenannten „Bösewichter" häufig verletzte Menschen sind, deren seelisches Martyrium sie zu Gewaltausbrüchen stimuliert, was ihre Selbstverantwortung natürlich nicht mindert. Bei ganzen Völkern kommt es vor, dass sie sich nach einer schier endlosen Phase des Unterdrückt- und Unterjochtwerdens auf einmal wie tollwütig gebärden, was dazu führt, dass die Unterdrücker sie erst recht bekämpfen bzw. für sich das Recht einfordern, sie noch härter anfassen zu dürfen. Wem gilt dann unser Mitleid? Meistens ergreifen wir die eine oder andere Partei, obwohl im Grunde beide zu bedauern sind, wie der Brüderzwist zeigt.

Dem kann nur vorgebeugt werden, indem es zu klärenden und entkrampfenden Aussprachen kommt, *bevor* sich Eskalationen anbahnen. Freilich mit der Einschränkung, dass auch Worte gut überlegt sein müssen. Bekanntlich können sie, im Affekt versprüht, „spitzer als Degen" sein und zynisch als Waffen verwendet werden. Weshalb der erwähnte Sozialpädagoge die Aussprache der beiden Brüder geschickt gelenkt hat.

Vielleicht ist den Leserinnen und Lesern ein Geschick dieser Lenkung besonders aufgefallen, nämlich das „Quiz". Die Idee dazu stammt aus der auf dem Gedankengut Frankls basierenden „sinnzentrierten Familientherapie" und ihrem originellen „kreuzweisen Ansatz". Jeder der Kontrahenten wird – nicht gefragt, was ihn selbst bislang gekränkt hat, sondern – über die Blessuren seines Gegners befragt. „Wie ging es deinem Bruder …?" Der tobende Ehemann wird gefragt: „Was erschüttert deine Frau so sehr, dass sie geradezu ausflippt?" Die ausflippende Ehefrau wird gefragt: „Was ärgert deinen Mann so sehr, dass er maßlos tobt?" Die Notwendigkeit, sich in den anderen einzufühlen und mit ihm mitzufühlen, holt den Betreffenden aus dem Chaos des eigenen Gefühlswirrwarrs auf die Vernunftebene zurück und lässt das Urmenschliche im Gegner aufblitzen, das ansonsten im Hass unterzugehen droht.

Auf die Vernunftebene zurückgekehrt, ist es stets leichter, diplomatische Lösungen zu entwerfen, Kompromisse zu schließen und Ansprüche aneinander zurückzuschrauben. Man bedenke: Jeder sieht die Welt durch seine subjektive Brille, und die Bilder, die unsere „Brillen" liefern, sind alles andere als deckungsgleich. Wie in einem Kaleidoskop wechseln sie von Person zu Person. Um die daraus resultierenden Missverständnisse abzufedern, können wir nur eines tun: die Bilder behutsam in Sprache zu übersetzen und es der Sprache zu überlassen, die Funktion auszuüben, die sie seit jeher hat, nämlich Brücke von Mensch zu Mensch zu sein.

Merksatz:

Wenn man in seelische Not gerät, spreche man es klar und deutlich aus; nicht angriffslustig, sondern mit wohlüberlegten Worten und in gebührender Achtung vor dem Adressaten.

Tipp 8:
Zwei klassisch therapeutische Fragen

Gut miteinander kommunizieren zu können, ist unerlässlich für ein harmonisches Zusammenleben. Nicht zufällig wird bei Scheidungsaffären fast immer ins Feld geführt, dass man einander schon lange nichts mehr zu sagen hat. Dass entweder nur noch über Belangloses, Unwichtiges und oft Wiederholtes gesprochen wird, oder einander Beleidigendes zugezischt wird, was genauso an Geduld und Nervenkraft zehrt. Eine Entfremdung zwischen Menschen ist stets auch an ihrer Wortwahl ablesbar.

Dabei läuft das Gegenteil, nämlich die Annäherung zwischen Menschen, ebenfalls über die verbale Schiene. Man bedenke, dass praktisch jede Form von psychotherapeutischem Beistand auf einer bestimmten Gesprächskultur beruht, die der Therapeut handhabt und mittels der es ihm gelingt bzw. gelingen sollte, Ratsuchende zu stabilisieren und leidenden Personen ihr Los erträglicher zu gestalten. Die Akzente, die er dabei setzt, sind je Therapieschule, der er angehört, verschieden, aber es gibt Grundmuster, deren er sich schulenübergreifend bedient. Dazu gehört neben der unantastbaren Wertschätzung für sein Gegenüber die Technik, sich mit eigenen Ansichten zurückzuhalten und mehr zu fragen statt zu dozieren.

Klassisch therapeutische Erstfragen spitzen sich überwiegend auf das Kernanliegen zu: „Hilf mir, dich zu verstehen!" Es ist eine uralte pädagogische Erfahrung, dass man nur verstanden hat, was man selber schlüssig erklären kann. Wird der Ratsuchende folglich eingeladen, zu erklären, was ihn bis an die Grenze der Ratlosigkeit beutelt, dann beginnt er allmählich, sein eigenes Dilemma und Verhängnis zu begreifen, zu umreißen und quasi in ein Wortpaket gehüllt aus sich auszulagern, was ihm die Chance gibt, sich davon innerlich zu distanzieren, statt sich damit zu identifizieren.

Die späteren klassisch therapeutischen Fragen verlagern sich anschließend auf das Kernanliegen: „Welche deiner Ressourcen könnten zur Verbesserung deiner Situation herangezogen werden?" Auch hierbei kommt eine uralte pädagogische Erfahrung zum Zug, die besagt, dass selber gefundene Erkenntnisse und Problemlösungen sich wesentlich tiefer einprägen als solche, die einem gelehrt werden. Sogenannte „Aha-Erlebnisse" – in diesem Fall, dass man überhaupt Ressourcen hat und sie zur Regeneration nützen kann! – sind von sensationeller Dauer.

Vielleicht können diese wenigen Hinweise auch dem „normalen" Gespräch einen gewissen Reiz verleihen. Viel zu schnell wird im Alltag mit eigenen Ansichten, Urteilen, ja, Verurteilungen und Vorwürfen um sich geworfen. Man sonnt sich in vermeintlicher Besserwisserei, und das Gegenüber wird unbeachtet im Schatten stehen gelassen. Man redet wie ein Wasserfall oder man schweigt stur vor sich hin und ignoriert die Körpersignale der Mitwelt. Man kommt vom Hundertsten ins Tausendste oder man verweigert bzw. verfälscht Informationen, die alle Beteiligten kennen sollten ... der kommunikativen Unsitten gibt es unzählige. Die obigen Hinweise könnten einigen davon einen Riegel vorschieben.

BEISPIEL:

Eine Frau lag nach einer komplizierten Operation mit darauffolgendem Darmverschluss mehrere Wochen in einer Klinik. Am meisten belastete sie die Trennung von ihren zwei Töchtern, die ihre Mutter wegen der häuslichen Entfernung nur sporadisch besuchen konnten. Der Ehemann bemerkte den Kummer seiner Frau und sagte im Bemühen, sie zu trösten: „Ach, die zwei vermissen dich gar nicht! Die sind total selbständig und mit ihren eigenen Angelegenheiten vollauf beschäftigt!" Des Weiteren veranlasste er die Töchter, der Mutter am Telefon zu bestätigen, wie blendend sie ohne sie auskämen.

Die Frau weinte sich die Augen aus. Sie wurde nicht vermisst? Niemand in der Familie brauchte sie? Wozu sollte sie um ihr Überleben ringen? War sie schon abgeschrieben, als Kranke für ihre Lieben am Ende nur noch ein Klotz am Bein? Die Ärzte fanden die Patientin in Tränen aufgelöst vor und verabreichten ihr Beruhigungsmittel.

Es ist zweifelhaft, dass mittels Chemie zu beheben war, was ein offenes und ehrliches Gespräch zwischen Mann und Frau auf der Stelle befriedet hätte. In Wirklichkeit sehnten sich die Töchter nach der Heimkehr ihrer Mutter. In Wirklichkeit hingen sie an ihr, und es lief zu Hause keinesfalls alles so glatt, wie der Mann vorgab. Er hatte trösten wollen und unnötige Aufregung gestiftet.

Prüfen wir, was die beiden klassisch therapeutischen Fragen im obigen Beispiel bewirkt hätten. Hätte der Mann seine Frau gebeten, ihm ihren Trennungskummer näher darzulegen, dann hätte er verstanden, wie gerne sie ihre mütterlichen Aufgaben wahrnahm, woran sie derzeit zu ihrem Leidwesen gehindert war. Vermutlich hätte er dann seinen Trost umgelenkt und etwa darauf verwiesen, dass die Mädchen mittlerweile genau wüssten, was sie an ihrer Mutter hatten, und dass sich alle in der Familie auf die Genesung und Heimkehr der Kranken schrecklich freuten. Auch die zweite Frage nach den Bewältigungsressourcen seiner Frau hätte auf fruchtbaren Boden fallen können. Möglicherweise hätte sie sich an frühere Phasen ihres Lebens erinnert, die sie allein hatte durchstehen müssen, und wie sie dies damals ohne familiären Rückhalt geschafft hatte.

Analog dazu hätte die kranke Frau auf die unbedachte Aussage ihres Mannes, wonach sie angeblich zu Hause gar nicht vermisst werde, gelassener reagieren können. Auf die klassisch therapeutische Frage an ihn, was damit gemeint sei, wäre ihr Mann wahrscheinlich damit herausgerückt, dass er simpel meine, sie möge sich nicht sorgen. Ihr wäre aufgegangen, dass er ihr aus „Sorge um sie" „Sorgen um ihre Lieben" ersparen wollte. Hätte die Patientin noch dazu ein klein bisschen Humor gehabt, hätte sie die Situation wohlig genossen und eventuell vorgeschlagen, gemeinsam das „sich Sorgen" zu beenden. Auf ihre Frage, was ihn dabei stärken könne, wäre ihm vielleicht eingefallen, weiterhin dem „guten Stern" zu vertrauen, der ihn und seine Familie bisher geleitet hatte.

Gewiss, ein relativ harmloses Beispiel. Es gibt viel heftigere Diskurse und beschämende Wortgefechte, die lange schwärende Wunden erzeugen. Meistens pendeln sie eine Weile zwischen Missverständnis und Überreaktion hin und her, bis es einer Seite zu bunt wird und sie eine gravierende Attacke gegen die Gegenseite startet. Schießt diese zurück, herrscht Krieg.

Im Kriegszustand leugnet keiner das Drama. Aber es beschuldigt gewöhnlich einer den Anderen, das Drama heraufbeschworen zu haben. Darin unterscheidet sich der einzelne Beziehungskonflikt nicht vom Konflikt zwischen ganzen Volksscharen und deren Verbündeten. Es muss einen überzeugend dagegen Einspruch erhebenden Gewissenschor in der Menschenfamilie geben, sonst würde sich nicht jede Kriegspartei der Welt verzweifelt bemühen, die Schuld an der Eskalation vehement von sich wegzuschieben, und sei es um den Preis einer Wahrheitsverbiegung um 180 Grad. Niemand will dastehen als der Anfänger und Auslöser einer humanitären Katastrophe. Schon die Kleinsten im Kindergarten flöten ihrer Streit schlichtenden Betreuerin zu: „Der XY hat angefangen!" Ich kenne niemanden, der jemals freiwillig erhobenen Hauptes oder zerknirscht eingestanden hätte, der Erste einer Kette von Unrecht, Leid und Gewalt gewesen zu sein.

Dabei ist es ziemlich gleichgültig, wer anfängt. *Entscheidend ist stets, wer aufhört!* Entscheidend ist, ob einer da ist, der die in Gang gekommene Kette gegenseitiger Zufügung von Unrecht, Leid und Gewalt heroisch durchbricht und abreißen lässt. Und zwar noch bevor sie deshalb zerfällt, weil alle Kettenglieder kaputt sind.

Was also tun statt dem elenden Zurückschlagen, das nur den Scherbenhaufen vergrößert, auf dem man sowieso schon sitzt? Viele Alternativen bleiben nicht. Man kann stumm und tapfer die heranbrandenden Stürme aushalten. Noch günstiger ist es, miteinander zu sprechen: würdevoll, niveauvoll und sämtlichen Rachegelüsten entwunden. „Du, der du dich gebärdest wie mein Feind, hilf mir, doch zu verstehen! Du, der du deinen Groll gegen mich richtest, hast bessere Reserven, um deinen Groll zu besänftigen. Du, der du mich für deinen Feind hältst, irrst dich. Siehe, ich hisse die weiße Fahne! Ich bin vom Unfrieden betroffen wie du, aber ich grolle dir nicht. Lass uns beidseitig unsere edelsten Kapazitäten hervorkehren und bündeln, um zu einer friedlichen Einigung zu gelangen!"

Es ist schwer, in verletztem Zustand solche Worte über die Lippen zu bringen. Und doch tragen sie das Potential in sich, nicht nur die gegenseitigen Verletzungen zu stoppen, sondern sogar die Wundheilung einzuleiten. Gewisse Paradoxien des Daseins funktionieren wider alle Logik. Eine davon ist, dass man nicht verarmt, wenn man auf manch Begehrtes verzichtet, sondern eher verarmt, wenn man es verabsäumt, manch Begehrtes freizugeben. Das betrifft nicht bloß Luxusgüter, die zu horten keine gescheite Wahl ist. Das betrifft auch angestauten Frust, der nicht verdampft, wenn man ihn am Gegner abreagiert. Es gehört zu jenen Paradoxien, dass das Fehlverhalten Anderer eher steigt, wenn man sie anklagt und bestraft, was den eigenen Frust noch mehr in die Höhe peitscht.

Frust reduziert sich einzig durch Zufriedenheit mit sich selbst. Und Zufriedenheit mit sich selbst bedarf des Friedens mit dem Rest der Welt.

Merksatz:

Im Konfliktfall versuche man, den Konfliktpartner durch vorsichtiges Nachfragen zu verstehen und ihn auf seine besten Ressourcen hinzuweisen.

TIPP 9:
WER GÜTE SÄT, WIRD
FRIEDEN ERNTEN

Es ist charakteristisch für das schillernde Wesen der Güte, dass sie sich in vielerlei Facetten wie Barmherzigkeit, Genügsamkeit, Heiterkeit und natürlich Hilfsbereitschaft äußert. Eines jedoch ist allen gütigen Menschen eigen: In ihrer Nähe zu weilen bedeutet das reinste Labsal. Sie sind wie riesige Tanker, an denen man Lebenskraft auftanken kann. Sie sind wie rettende Bojen in brodelnder Gischt, an denen man sich festhalten kann. Und sie sind die Friedensstifter schlechthin, weil sie ihre Milde überparteilich ausgießen und jedem Kampfhahn ein Quäntchen Nachsicht zuerkennen, was die erregten Gemüter abebben lässt. Ihr „Gütesigel" ist ein nicht zu beschädigendes optimistisches Menschenbild, aus dem sie ihre wertschätzende Grundhaltung gegenüber jedermann schöpfen; eine Grundhaltung, die sich nicht lediglich vom physischen Vorhandensein oder irgendwelchen Verdiensten des „Jedermanns" ableitet, sondern das Personsein an sich achtet, als sei es eine Manifestation des allwaltenden Geistes.

Dabei ist Güte von keinerlei Bildungsniveau abhängig und auch nicht von gnädigen Schicksalsfügungen, wie man spekulieren könnte. Ist sie Geschenk? Wahrscheinlich, und mehr. Auf jeden Fall ist sie ein

Geschenk, das sich wie von selbst wieder austeilt und jeden Beschenkten einen Hauch infiziert – vorausgesetzt, dass er sich von diesem Hauch anwehen lässt. Wenn es etwas gibt, das im Unterschied zu den „Ketten von Unrecht, Leid und Gewalt" „Ketten der Friedfertigkeit" in Gang setzen kann, dann ist es das Charisma gütiger Menschen.

BEISPIEL:

Bei einer örtlichen Festveranstaltung, an der ich teilnahm, spielte ein älterer Rentner auf seiner Mundharmonika Wanderlieder, Volkslieder und sogar einige Schubertlieder. Mir fiel auf, wie korrekt er intonierte, und welch umfangreiches Melodienrepertoire er auswendig beherrschte. In der Pause setzte er sich zufällig an meinen Tisch, und so kamen wir ins Gespräch. Ich lobte sein Vorspiel und er lachte. „Ich liebte schon als Junge die Musik, aber damals gab es keine Gelegenheit für mich, eine Musikschule zu besuchen. Mit 14 Jahren musste ich eine Installateurlehre antreten, und mit 17 Jahren wartete schon harte Arbeit auf mich. Damit habe ich allerdings später gutes Geld kassiert. Wenn ich höre, wie niedrig die Gagen der Musiker oft sind, bin ich froh, wie es gekommen ist!"

Ich dachte an viele meiner Patientinnen und Patienten, die ihren Eltern jahrzehntelang vorwarfen, ihre Jugendwünsche nicht berücksichtigt zu haben, und würdigte die positive Einstellung des Mannes. Wiederum lachte er. „Mir hat nichts gefehlt. Ich habe mir die Harmonika gekauft und in meiner Freizeit selber darauf herumprobiert. Das half mir nach manch schwerem Tag. Ich war nämlich am Bau beschäftigt, meistens in unfertigen Häusern, und dies bei jedem Wetter. Ich habe bei minus 18 Grad Heizungen montiert, bei plus 42 Grad Rohre verlegt … Aber wissen Sie, der Vorteil ist, dass mir Temperaturen längst nichts mehr ausmachen. Mich stören keine Wetterumschwünge und keine Nässe, ich bin perfekt abgehärtet."

Ich dachte an viele meiner Patientinnen und Patienten, die sich pausenlos über ihre widrigen Arbeitsbedingungen alterierten, und staunte. „Meine Frau hat mir drei Kinder geboren", fuhr der Rentner fort und strahlte mich an. „Denen wollte ich ein warmes Nest bereiten. Sie sollten alles lernen dürfen, was sie wollten. Das war trotz vieler Einschränkungen eine schöne Zeit." Versonnen schaute er vor sich hin. „Vor neun Jahren ist meine Frau gestorben. Aber sie hat zum Glück noch unser erstes Enkelkind erlebt. Das war für sie ein echter Höhepunkt. Mittlerweile habe ich schon vier prachtvolle Enkelkinder!"

Ich dachte an viele meiner Patientinnen und Patienten, die über den Verlust eines Lebenspartners oder einer Partnerin nie richtig hinweggekommen waren. Dieser Rentner besaß ein beachtliches Maß an Resilienz. Ich fragte ihn, ob er seine Enkelkinder häufig sehe, doch er lachte wiederum. „Meine erwachsenen Kinder sind weit verstreut. Zwei haben ins Ausland geheiratet, und eines wohnt in fast 300 km Entfernung. Immerhin sehen wir uns gelegentlich per Videoschaltung. Das ist ganz recht: Ich habe die Freude an meinen Enkelkindern und keine Mühe mit ihnen. Ich glaube, ich kann eh besser mit Gasleitungen und Boilern umgehen als mit Kleinkindern ..."

Ich dachte an viele meiner Patientinnen und Patienten, die sich auf das Heftigste beschwerten, wenig Kontakt mit ihren Kindern und Kindeskindern zu haben bzw. dazu eingeladen zu werden. Der Rentner war ein Champion an Akzeptanz herausfordernder Sachverhalte. Gerade wollte ich dies ausdrücken, da zeigte er seine rechte Hand vor. „Vor zwei Jahren hatte ich einen Schlaganfall. Ich konnte kein Wort mehr hervorbringen und diese Hand war wie gelähmt. Schauen Sie mich heute an: Man merkt kaum mehr etwas davon! Ist das nicht ein Wunder? Die Ärzte haben ein wahres Wunder an mir vollbracht! Ich muss noch einen Haufen Pillen schlucken, aber ich bin so dankbar und glücklich, dass ich mich wieder bewegen kann", damit stand er auf, „und auch wieder Harmonika spielen kann!" Er begab sich zu der provisorischen Bühne und ließ mich beeindruckt zurück.

Ich dachte an viele meiner Patientinnen und Patienten …

Heiterkeit trotz schwieriger Lage ist Lebenskunst vom Feinsten. Wer sie beherrscht, bleibt Frau oder Herr jeder Lage. Die Heiterkeit vertreibt alle Strenge, zu der wir fatalerweise neigen. Der beschriebene Rentner war im Frieden mit seiner Vergangenheit, mit seiner vollbrachten Arbeitsleistung als Installateur, mit seiner gesamten Familie und mit den

Umständen, die ihm das Leben bot. Er ging weder mit seinen Eltern noch mit seinen ehemaligen Vorgesetzten, seinen flügge gewordenen Kindern oder mit dem jüngst erlittenen Krankheitseinbruch streng ins Gericht. Kein Verlust konnte ihn so blenden, dass er nichts Erfreuliches und Dankenswertes mehr registriert hätte. Ich bin fast sicher, dass er, falls ihn jemand attackiert, geschmäht oder lächerlich zu machen versucht hätte, wiederum nur spontan gelacht hätte. Ich traue ihm zu, dass er in seiner geradlinigen Manier „Bist ein armes Würstchen!" gedacht und sich anderen Dingen zugewandt hätte. Keine hässliche „Retourkutsche" wäre von ihm ausgegangen.

Ich habe erwähnt, dass Güte u. A. auch ein Mix von Genügsamkeit und Barmherzigkeit ist. Nur genügsame Menschen vermögen ihren Kontaktpersonen Wohlstand und Segen zu gönnen. Und nur barmherzige Menschen vermögen ihren Kontaktpersonen deren schuldhafte „Ausrutscher" zu verzeihen. Es ist kaum nachvollziehbar, welches Unheil Neid und Missgunst anzurichten vermögen. „Der/die Andere hat eine Nuance mehr als ich? Wieso? Das ist nicht in Ordnung ...!" Und schon stehen die Zeichen auf

Krawall. Erst recht unbegreiflich ist das Debakel mit dem nicht enden wollenden Nachtragen. Es saugt Generationen in seinen abgründigen Schlund. „Der/die Andere hat mir/uns Böses angetan. Wieso? Das ist nicht in Ordnung …!"

Nein, wo Menschen zusammenleben, herrscht nie pure Ordnung. Geht es nie absolut gerecht zu. Machen sich immer individuelle Schwächen breit. Die „Erbsünde" klebt an unseren Fersen, um es biblisch zu formulieren. Gestehen wir es ruhig ein: unsere *eigene* Ferse inkludiert. Die Pforten des Paradieses haben sich ein für allemal hinter uns geschlossen. Bleibt die bange Frage, ob sich irgendwann die Pforten einer irdischen Hölle vor uns öffnen werden. Waffen gäbe es dafür mehr als genug, Wut und Verzweiflung bei geknechteten Heerscharen auch, und an Auslösern für Flächenbrände mangelt es weder im wörtlichen noch im übertragenen Sinne.

Dennoch wohnt dem Menschen neben seinen düsteren Seiten auch ein Lichtschimmer inne. „Ich habe einen Traum", hat seinerzeit Martin Luther King bekannt, der für die einträchtige Koexistenz hell- und dunkelhäutiger Personen in seinem Land eingetreten ist. Kein Zweifel, ein ähnlicher Traum wohnt seit Urgedenken in jeder Brust. Und es liegt buchstäblich an jedem Einzelnen, ihn in den Wachzustand hinüberzutransportieren.

Wie wäre das, wenn Sie morgen aufwachen würden, und es gäbe rings um Sie Frieden? Mein Vorschlag: Wenn Sie morgens Ihre Augen öffnen, suchen Sie sich in Ihrem mitmenschlichen Umkreis die Person aus, die Sie am wenigsten ausstehen können, mit der Sie am meisten im Clinch liegen. Und dann nehmen Sie sich vor, exakt dieser Person gegenüber *heute* einen Akt der Güte zu vollbringen. Ein paar nette Worte am Telefon, eine zarte Geste des Verstehens, ein Handgriff, den Sie ihr abnehmen, ein kurzes Nachfragen nach ihrem Befinden ... bei gutem Willen wird Ihnen etwas Passendes einfallen. Sollten Sie seit langem von dieser Person getrennt sein, ihren Aufenthalt nicht kennen oder sollte es sich um eine/n Verstorbene/n handeln, darf es auch ein gutes Wünschen oder ein positives Gedenken sein, das Sie ihr durch den Äther zuschicken. Das kostet Sie Überwindung? Es schadet nicht, sich selbst gelegentlich zu überwinden, um in die Güte hineinzuwachsen. Es ist wie eine Entgiftung der Seele und der Lohn dafür ist groß: *Wer Güte sät, wird Frieden ernten.*

MERKSATZ:

Wir alle sehnen uns nach Frieden. Wenn es etwas gibt, das „Ketten der Friedfertigkeit" in Gang setzen kann, dann ist es das Charisma gütiger Menschen.

DIE AUTORIN UND IHR WERK

Elisabeth Lukas, geboren 1942 in Wien, ist Schülerin von Professor Dr. Dr. Viktor E. Frankl. Als Klinische Psychologin und approbierte Psychotherapeutin spezialisierte sie sich auf die praktische Anwendung der Logotherapie, die sie methodisch weiterentwickelte. Nach 13-jähriger Tätigkeit in Erziehungs-, Familien- und Lebensberatungsstellen (neun Jahre davon in leitender Position) übernahm sie 1986 die fachliche Leitung des von ihr und ihrem Ehemann gegründeten „Süddeutschen Instituts für Logotherapie GmbH" in Fürstenfeldbruck bei München, dem sie 17 Jahre lang vorstand. Nach ihrer Rückkehr in die Heimat arbeitete sie fünf Jahre lang weiterhin als Hochschuldozentin (zuletzt als Lehrbeauftragte der Donau-Universität Krems) und war danach noch drei Jahre lang als Lehrtherapeutin und Supervisorin beim österreichischen Logotherapie-Ausbildungsinstitut ABILE tätig.

Vorträge und Vorlesungen auf Einladung von mehr als 50 Universitäten (darunter länger andauernde Lehraufträge an den Universitäten München, Innsbruck und Wien) sowie Publikationen in 20 Sprachen machten sie international bekannt. Ihr Werk ist mit der Ehrenmedaille der Santa Clara University in Kalifornien für „Outstanding Contributions in Counseling Psychology to the World Community" und mit dem großen Preis des Viktor-Frankl-Fonds der Stadt Wien ausgezeichnet worden. 2014 verlieh ihr die Universität Moskau eine Ehrenprofessur.

Von Elisabeth Lukas sind seit den 1980er-Jahren – inklusive der fremdsprachigen Übersetzungen – mehr als 170 Bücher erschienen. In der nachstehenden Liste sind ihre derzeit im Buchhandel oder online erhältlichen deutschsprachigen Bücher zusammengestellt (Stand: Frühjahr 2024):

Alles fügt sich und erfüllt sich. Logotherapie in der späten Lebensphase (Profil, München, 2. Auflage 2023, Großdruckausgabe 2017)

Antworten auf Lebensfragen. Einsichten in die Logotherapie. Eine Anthologie, hrsg. von Heidi Schönfeld (Profil, München, 2021)

Arbeit heute. Last oder Freude? Strategien sinnzentrierter Unternehmenskultur. Gemeinsam mit Koautor Paul Ostberg (Profil, München, 2022)

Auch dein Leben hat Sinn. Wege zur seelischen Gesundheit (Butzon & Bercker, Kevelaer, 2021)

Auf den Stufen des Lebens. Bewegende Geschichten der Sinnfindung (Butzon & Bercker, Kevelaer, 2023)

Aus Krisen gestärkt hervorgehen (Butzon & Bercker, Kevelaer, 2022)

Binde deinen Karren an einen Stern. Was uns im Leben weiterbringt (Neue Stadt, München, 4. Auflage 2021, auch als E-Book)

Burnout adé! Engagiert und couragiert leben ohne Stress (Profil, München, 2012)

Das Schicksal waltet – der Mensch gestaltet. Philosophie für den Alltag (Plattform, Perchtoldsdorf bei Wien, 4. Auflage 2021, auch als E-Book)

Das Viktor Frankl Museum in Wien. Ein Kulturerbe mit Zukunftswert (Plattform, Perchtoldsdorf bei Wien, 2016)

Dein Leben ist deine Chance. Anregungen zu einer sinnvollen Lebensgestaltung (Neue Stadt, München, erw. Neuausgabe 2018, auch als E-Book)

Den ersten Schritt tun. Konflikte lösen – Frieden schaffen (topos plus, Kevelaer, 2019)

Der Freude auf der Spur. Sieben Schritte, um die Seele fit zu halten (Neue Stadt, München, 2. Auflage 2023, auch als E-Book)

Die Kraft des Vertrauens. Argumente wider den Pessimismus (Butzon & Bercker, Kevelaer, 2023)

Die Kunst der Wertschätzung. Kinder ins Leben begleiten (Neue Stadt, München, erw. Neuausgabe 2021, auch als E-Book)

Die Welt ist nicht heil, aber heilbar. Schwierige Lebensphasen meistern. Gemeinsam mit Koautor Alexander Batthyány (Tyrolia, Innsbruck, 2023, auch als E-Book)

Distanz zur Angst. Das Leben mutig bestehen (Butzon & Bercker, Kevelaer, 2022)

Durchquerung einer bewegten Zeit. Acht Jahrzehnte Lebenserfahrung (Neue Stadt, München, 2022)

Einmal rund um die Sonne. Begleitende Gedanken für das ganze Jahr (Neue Stadt, München, 2016, auch als E-Book)

Familienglück. Verstehen, annehmen, lieben (Butzon & Bercker, Kevelaer, 2024)

Frankl und Gott. Erkenntnisse und Bekenntnisse eines Psychiaters (Neue Stadt, München, 2. Auflage 2020, auch als E-Book)

Freiheit und Geborgenheit. Süchten entrinnen, Urvertrauen gewinnen (Profil, München, erw. 3. Auflage 2012)

Für dich. Heilende Geschichten der Liebe (Butzon & Bercker, Kevelaer, 2020)

Gesundheit bewahren – Krankheit bewältigen. Ermutigung und Trost. Gemeinsam mit Koautor Reinhardt Wurzel (Neue Stadt, München, 2024, auch als E-Book)

Heute ist der erste Tag vom Rest deines Lebens. Schritte zu einer erfüllten Existenz (Butzon & Bercker, Kevelaer, 2. Auflage 2022)

In der Trauer lebt die Liebe weiter (Butzon & Bercker, Kevelaer, 5. Auflage 2022)

Inspirationen für die Seele. Das geistige Erbe Viktor E. Frankls (Profil, München, erw. 2. Auflage 2015)

Lebensstil und Wohlbefinden. Seelisch gesund bleiben – Anregungen aus der Logotherapie (Profil, München, erw. 3. Auflage 2010)

Lehrbuch der Logotherapie. Menschenbild und Methoden (Profil, München, erw. 5. Auflage 2023)

Logotherapie und Existenzanalyse heute. Eine Standortbestimmung. Gemeinsam mit Koautor Alexander Batthyány (Tyrolia, Innsbruck, 2020, auch als E-Book)

Pandemie und Psyche. Wege zur Stärkung der seelischen Immunität. Gemeinsam mit Koautor Reinhardt Wurzel (Neue Stadt, München, 2. Auflage 2020)

Persönliches und Besinnliches. Kleines logotherapeutisches Lesebuch (Profil, München, 2017)

Psychotherapie in Würde. Logotherapie konkret. Gemeinsam mit Koautorin Heidi Schönfeld (Elisabeth-Lukas-Archiv, Bamberg, 2020, auch als E-Book)

Quellen sinnvollen Lebens. Woraus wir Kraft schöpfen können (Neue Stadt, München, 2014, auch als E-Book)

Rendezvous mit dem Leben. Ermutigungen für die Zukunft (topos plus, Kevelaer, 2. Auflage 2016)

Sehnsucht nach Sinn. Logotherapeutische Antworten auf existentielle Fragen (Profil, München, erw. 4. Auflage 2018)

Sinnzentrierte Psychotherapie. Die Logotherapie von Viktor E. Frankl in Theorie und Praxis. Gemeinsam mit Koautorin Heidi Schönfeld (Profil, München, 2016)

Souveränität und Resilienz. Tragödien in einen Triumph verwandeln (Profil, München, 2020)

Spannendes Leben. In der Spannung zwischen Sein und Sollen – ein Logotherapiebuch (Profil, München, erw. 4. Auflage 2014)

Trotzdem Ja zum Altsein sagen. Die Lebensfreude bewahren. Gemeinsam mit Koautorin Elisabeth Gur (Plattform, Perchtoldsdorf bei Wien, 2021)

Verlust und Gewinn. Logotherapie bei Beziehungskrisen und Abschiedsschmerz (Profil, München, erw. 2. Auflage 2007)

Von der Angst zum Seelenfrieden. Gemeinsam mit Koautor Reinhardt Wurzel (Neue Stadt, München, 2. Auflage 2019, auch als E-Book)

Was das Leben wertvoll macht. Impulse einer spirituellen Psychologie (Butzon & Bercker, Kevelaer, 2. Auflage 2022)

Was du mir bedeutest. Für einen lieben Menschen (Butzon & Bercker, Kevelaer, 2016)

Was wirklich zählt. Worte als Wegbegleiter (Neue Stadt, München, 2020)

Weisheit als Medizin. Logotherapie bei Tinnitus, chronischen und unheilbaren Krankheiten (Profil, München, erw. 4. Auflage 2020)

Wertfülle und Lebensfreude. Logotherapie bei Depressionen und Sinnkrisen (Profil, München, erw. 4. Auflage 2011)

Wie Leben gelingen kann. Sinn und Freude Tag für Tag. Gemeinsam mit Koautor Michael Ragg (Butzon & Bercker, Kevelaer, 4. Auflage 2022)

Wolken vor der Sonne? Was bei Depressionen hilft (Butzon & Bercker, Kevelaer, 2. Auflage 2021)

Zeiten der Besinnung. Gleichnisse. Texte von Viktor E. Frankl, kommentiert von Elisabeth Lukas (Benevento, Salzburg, 2023)

Zeiten der Entscheidung. Ermutigungen. Texte von Viktor E. Frankl, kommentiert von Elisabeth Lukas (Benevento, Salzburg, 2. Auflage 2023)

26 CDs/DVDs mit Vorträgen von Elisabeth Lukas sowie die MP3-CD „Vom Sinn im Leben. Perlen der Logotherapie" und die DVD „Was ich noch zu sagen hätte ... Ich hab' so vieles zu erzählen. Mein Leben als Logotherapeutin und Schülerin von Viktor E. Frankl" sind beim „Auditorium Netzwerk", Verlag für audio-visuelle Medien (Hebelstraße 47, D-79379 Müllheim/Baden) erhältlich.

Die CDs „Ermutigungen für die Zukunft" und „Seelisch gesund bleiben in hektischen Zeiten" sind über www.elisabeth-lukas-archiv.de erhältlich.

Mehrere CDs/DVDs mit Live-Rundfunksendungen aus der „Reihe Lebenshilfe" sind bei Glässing-media (Oststraße 12 A, D-87527 Sonthofen) oder beim Hörer-Service von Radio Horeb (Dorf 6, D-87538 Balderschwang) erhältlich.

Die DVD/CD mit Live-Interview „Viktor E. Frankls Botschaften für heute, Heidemarie Zürner im Sinn-Gespräch mit Elisabeth Lukas" ist erhältlich bei Kongressdokumentationen Josef Hager, Mondseebergstraße 15, A-5310 Mondsee.

Weitere Informationen über die Autorin und ihr Werk auf:
www.elisabeth-lukas-archiv.de

Elisabeth Lukas

Die Kraft des Vertrauens
Argumente wider den Pessimismus

128 Seiten
durchgängig farbig gestaltet,
gebunden
mit 2 Lesebändchen
11,8 x 16 cm
ISBN 978-3-7666-3556-3

Wir alle brauchen das Vertrauen darauf, dass wir auch schwierige Situationen meistern können – entweder aus eigener Kraft oder weil jemand uns hilft. Die Grundlage dazu ist das Urvertrauen, mit dem jedes Neugeborene auf die Welt kommt. Elisabeth Lukas zeigt auf, wie wir dieses Vertrauen zurückgewinnen können, wenn es durch schwierige Familienverhältnisse oder traumatische Erfahrungen erschüttert wurde. Und mehr noch: Sie zeigt, wie wir gerade diese negativen Erfahrungen als Quelle nutzen können, um neues Vertrauen zu schöpfen.

Elisabeth Lukas

Was das Leben wertvoll macht
Impulse einer spirituellen Psychologie

144 Seiten
Paperback
12 x 18 cm
ISBN 978-3-7666-2785-8

Der moderne Mensch hat sich von vielen Traditionen gelöst. Aber ohne jede spirituelle Anbindung, allein auf sich gestellt, kann er schwerlich leben. Denn in ihm ist eine Ursehnsucht nach einem wertvollen Leben und zugleich ein Gespür dafür, dass er Sinn und Werte für sich nicht einfach erfinden kann. Er kann sie nur suchen, entdecken – und das ist schwieriger geworden in unserer hochtechnisierten, multikulturellen Welt. Gestützt auf ein bewährtes psychotherapeutisches Konzept liefert das Buch dafür hilfreiche Impulse.

Elisabeth Lukas

Wolken vor der Sonne
Was bei Depressionen hilft

144 Seiten
Paperback
12 x 18 cm
ISBN 978-3-7666-2886-2

Eine Depression kann viele Ursachen haben: Trauer über den Verlust eines geliebten Menschen oder der Lebensaufgabe, körperliche Beschwerden, das Gefühl der Sinnlosigkeit und Leere, Sucht, Zukunftsangst usw. Das Buch zeigt am Beispiel konkreter Fälle aus der logotherapeutischen Praxis, wie Menschen lernen können, die hinter den Wolken der Depression verborgene Sonne wieder wahrzunehmen. Das Wissen um die Möglichkeit, sich jederzeit ändern zu können, der Blick über den eigenen Tellerrand hinaus, die Pflege von stabilen Beziehungen zu anderen und ein Grundvertrauen in die eigenen Fähigkeiten gehören zu den vielfältigen von Elisabeth Lukas vorgestellten Ansatzpunkten für einen Weg aus der Depression.

Elisabeth Lukas

Aus Krisen gestärkt hervorgehen

160 Seiten
Paperback
12 x 18 cm

ISBN 978-3-7666-2991-3

Oftmals finden Menschen nicht mehr aus Krisen heraus, weil sie in ihrer Lebenssituation keinen Sinn mehr sehen. Dabei hat jeder von uns im Ganzen des Lebens eine einzigartige Aufgabe – auch und gerade, wenn er vom Schicksal gebeutelt ist. Anhand einprägsamer Symbolgeschichten und Fallbeispielen zeigt Elisabeth Lukas, wie die Klärung des je eigenen Lebenssinns nicht nur Motor zur psychischen Gesundung werden, sondern auch helfen kann, seelischen Erkrankungen nachhaltig vorzubeugen.

Elisabeth Lukas

Der Schlüssel zu einem sinnvollen Leben

Die Höhenpsychologie Viktor E. Frankls

256 Seiten
Klappenbroschur
14 x 21,5 cm
ISBN 978-3-7666-3612-6

In von Krisen durchwachsenen Zeiten ist es besonders wichtig, sich und anderen nicht noch unnötige Belastungen aufzubürden. In der von Viktor E. Frankl begründeten Logotherapie, einer sinnzentrierten Psychotherapieform, finden sich zahlreiche wirksame Ansätze zum seelischen Gesundbleiben und Gesundwerden trotz großer Herausforderungen, was die bekannteste Frankl-Schülerin Elisabeth Lukas an vielen Praxisbeispielen eindrucksvoll belegt. Das vorliegende Buch gewährt einen umfassenden Überblick über die verschiedenen Lösungsmodelle von Problemen, die einem sinnerfüllten Leben im Wege stehen.

Elisabeth Lukas
Familienglück
Verstehen – Annehmen – Lieben

160 Seiten
Klappenbroschur
14 x 21,5 cm
ISBN 978-3-7666-3678-2

In diesem Buch beleuchtet Elisabeth Lukas die fundamentalen „Stützpfeiler" für ein harmonisches Zusammenleben in der Familie: ein tolerant-versöhnliches Miteinander, eine respektvolle Gesprächskultur und eine Offenheit für den jeweils anderen, um ihn in seiner Einzigartigkeit und Besonderheit zu verstehen, anzunehmen und zu lieben. Auf Grundlage ihrer mehr als 30-jährigen klinisch-psychotherapeutischen Praxis zeigt die Autorin in aufschlussreichen Fallbeispielen, wie Konflikte gelöst und die Beziehungen innerhalb der Familie stabilisiert werden können.

Abbildungen:
Cover: © Yaroslav, S. 8: © Csaba Peterdi, S. 20: © Brian Jackson,
S. 30: © weerapat1003, S. 42: © 曹宇, S. 52: © misskaterina,
S. 62: © defpics, S. 74: © Maya Kruchancova, S. 86: sosiukin,
S. 96: © Henry Letham – alle: stock.adobe.com

Bibliografische Information der Deutschen Nationalbibliothek
Die Deutsche Nationalbibliothek verzeichnet diese Publikation
in der Deutschen Nationalbibliografie; detaillierte bibliografische
Daten sind im Internet über http://dnb.d-nb.de abrufbar.

Das Gesamtprogramm
von Butzon & Bercker
finden Sie im Internet
unter www.bube.de

ISBN 978-3-7666-3704-8

Umschlaggestaltung: Tanja Manden, Kevelaer
Layout und Satz: Finken & Bumiller, Stuttgart